LES

TARIFS DOUANIERS

DES

SOIES ET SOIERIES

LES
TARIFS DOUANIERS

DES

SOIES & SOIERIES

EN FRANCE & DANS LES PRINCIPAUX PAYS

Mis au courant des derniers Traités de commerce et coordonnés
à l'usage du commerce français

PUBLIÉS

SOUS LE PATRONAGE DE LA CHAMBRE DE COMMERCE DE LYON

Par Marius MORAND

Bibliothécaire de la Chambre

LYON

IMPRIMERIE DU SALUT PUBLIC

33, BELLON, RUE IMPÉRIALE, 33

—

1869

PRÉFACE

L'objet de ce travail est de présenter dans une même publication, condensés en quelques tableaux faciles à consulter, les tarifs des droits de douane perçus sur les soies et soieries tant en France que dans les principaux pays étrangers avec lesquels cette grande source de prospérité nationale nous met en rapports d'échanges.

Les recherches dans les nombreux volumes où sont éparses les indications que tout négociant a besoin de connaître en matière de douane sont toujours longues, et d'autant plus pénibles qu'il est difficile de retrouver au milieu des lois, décrets et ordonnances qui se succèdent, la trace des modifications apportées par les diverses nations à leur régime respectif. Il nous a semblé qu'un recueil comme celui que nous publions aujourd'hui serait utile à plus d'un titre.

Les droits perçus sur les marchandises qui font l'objet de ses transactions entrent, en effet, dans les calculs de l'importateur et de l'exportateur comme un élément indispensable au succès de ses opérations internationales. L'industriel, de son côté, non moins intéressé au développement des échanges, n'est pas indifférent au traitement dont ses matières premières et ses produits sont l'objet sur les divers marchés du globe.

1

A un autre point de vue, le producteur et le négociant aussi bien que l'économiste et le législateur ont besoin de connaître les régimes douaniers pour suivre ou même provoquer ces nombreuses discussions économiques qui tiennent une si large place dans les délibérations de nos Assemblées législatives.

L'ouvrage est divisé en deux parties :

La première est consacrée aux Tarifs des droits perçus sur les soies et soieries par les douanes françaises.

La seconde comprend, dans des chapitres distincts, les tarifs des principales nations.

Nous pensons n'avoir omis aucun des pays avec lesquels le commerce français des soies et soieries est en relations un peu suivies d'affaires. Les tarifs de chacun d'eux ont été intégralement reproduits; c'est à cette seule condition qu'ils pouvaient avoir une utilité pratique. Quant aux textes soit des traités de commerce, soit des dispositions des diverses législations douanières, ils auraient exigé des pages trop nombreuses. Ils n'auraient pu d'ailleurs que rester incomplets, et il nous a paru préférable de nous renfermer dans un cadre plus modeste, en nous bornant à indiquer les ouvrages où on pourra les trouver.

Presque toujours nous avons renvoyé aux *Annales du Commerce extérieur*. Les recherches sont ainsi abrégées et rendues faciles dans les nombreux volumes de cette publication émanant du ministère de l'Agriculture, du Commerce et des Travaux publics et qui est la source à laquelle il faut surtout puiser quand on veut des détails précis et complets en matière de douane (1).

---

(1) Les *Annales du Commerce extérieur* sont tenues à la disposition du Public à la Bibliothèque de la Chambre de commerce de Lyon (Palais du commerce). Nous citerons encore parmi les ouvrages renfermés dans cette même Bibliothèque et qu'on consultera avec fruit : *Du commerce et des progrès de la puissance commerciale de la France et de l'Angleterre*, par Ch. Vogel; *Dictionnaire du commerce et de la navigation; Tarif des droits perçus par les douanes françaises*, par M. de Beilac; *Tableau des droits d'entrée et de sortie*, publiés par la Direction générale des Douanes (août 1869), etc., etc.

Dans certains cas, cependant, les indications fournies par ces *Annales* étaient surannées. Nous avons eu alors recours soit aux représentants des puissances étrangères en France, soit à nos agents consulaires à l'étranger; nous avons toujours trouvé auprès d'eux l'accueil le plus empressé et le plus bienveillant.

Notre travail étant surtout une œuvre de patience attentive dont le principal mérite est une exactitude rigoureuse, nous y avons apporté tous les soins nécessaires pour qu'il puisse être consulté sans défiance.

La conversion des unités étrangères en unités françaises a toujours été indiquée, et ces dernières ont été ramenées à une base commune (le kilogramme) qui permet la comparaison et l'appréciation au premier coup d'œil des avantages respectifs offerts par tel ou tel tarif. Nous avons de plus donné la valeur des poids, monnaies et mesures inscrits dans chacun d'eux.

La disposition typographique des tableaux et les textes explicatifs qui les précèdent en rendront d'ailleurs l'usage et l'intelligence faciles à tout le monde.

Enfin, à titre d'information, il nous a paru intéressant de résumer en deux tableaux analytiques, les résultats généraux, par pays de provenances et de destination, du mouvement d'échanges auquel a donné lieu en France, pendant l'année 1867, la grande industrie des soies et soieries.

Ce recueil est un de ceux qui ont besoin d'être revus à des intervalles de temps plus ou moins rapprochés; il ne saurait, en effet, continuer à être utile qu'à la condition d'être tenu au courant des derniers changements introduits dans les régimes douaniers qu'il a pour objet de faire connaître. Notre intention est donc de reprendre cette publication en temps opportun en comprenant non plus seulement les soies et soieries, mais bien tous les fils et tissus, et en y apportant toutes les améliorations dont le présent travail paraîtra suceptible et tous les développements dont son usage aura pu démontrer l'utilité.

Il ne nous appartient pas de faire l'éloge de notre propre travail, nous dirons seulement que le témoignage d'intérêt que la Chambre de commerce de Lyon nous a fait l'honneur de lui donner, en prenant sa publication sous son haut patronage, est le meilleur gage du soin consciencieux ave lequel il a été rédigé et de son utilité pratique pour l'industrie et le commerce français des soies et soieries.

M. M.

TARIFS D'IMPORTATION

DES SOIES ET SOIERIES

EN FRANCE

La conclusion du traité de commerce de 1860 a eu pour résultat d'introduire dans notre régime douanier, à côté du tarif général, un tarif de faveur dit *conventionnel*, spécialement applicable aux importations anglaises. Le bénéfice de ce tarif a ensuite été successivement étendu aux produits du sol et des manufactures de divers autres pays, qui, après l'Angleterre, ont contracté des traités de commerce avec la France. Quelques-uns de ces derniers ont même obtenu des faveurs nouvelles dont tous les autres contractants jouissent, en vertu de la clause de la nation la plus favorisée toujours stipulée dans les conventions (1).

Notre législation douanière générale, qui a subsisté, est donc restreinte dans son application aux pays qui ne se sont engagés par aucun traité conventionnel de commerce avec la France (2).

---

(1) On entend par clause de la nation la plus favorisée la stipulation par laquelle chacune des deux parties contractantes s'engage à faire profiter l'autre de toute faveur, de tout privilège, de tout abaissement dans ses tarifs des droits d'importation, d'exportation et de transit, qu'elle pourrait accorder à une tierce puissance.

(2) Outre les traités de commerce appelés *conventionnels*, inaugurés en 1860, la France a conclu, depuis le commencement du siècle, avec un grand nombre de pays, des traités dits de *réciprocité* qui assimilent, dans certains cas, les importations effectuées sous pavillons de ce pays aux importations par navires français. Ces traités, dont les stipulations sont, ainsi que leur nom l'indique d'ailleurs, réciproques, régissent encore nos rapports de commerce avec le *Brésil*, les *Iles Sandwich*, le *Mexique*, les *républiques* du *Chili*, de *Costa-Rica, Dominicaine*, de

Nous donnons ci-après, dans deux tableaux distincts, les droits d'entrée perçus par les douanes françaises, soit en vertu du TARIF GÉNÉRAL, soit en vertu du TARIF CONVENTIONNEL.

Les lettres B. N., placées dans la colonne intitulée : *Unités sur lesquelles portent la perception des droits*, ont pour objet d'indiquer si la taxe est perçue sur le poids brut ou sur le poids net (1). De plus, nous avons toujours marqué quand les deux *décimes additionnels*, perçus en vertu des lois des 28 avril 1816 (art. 17) et 15 juillet 1855, sont compris dans les taxes afférentes à chaque marchandise.

Les dates qui figurent dans la colonne intitulée *Titres de perception*, sont les dates des lois et décrets qui ont déterminé la quotité des taxes.

La loi du 19 mai 1866 sur la marine marchande, dont l'article 5 a supprimé les surtaxes de pavillon applicables aux produits importés des pays de production autrement que par navires français, étant entrée en vigueur le 12 juin 1869, les importations effectuées soit par navires étrangers, soit par terre, acquittent les mêmes droits que ceux exigibles pour les importations par navires français. Quelles que soient les conditions d'importation, les droits inscrits aux tarifs ci-dessous sont, en conséquence, applicables.

Les numéros placés entre parenthèses renvoient aux *notes explicatives*, qui se trouvent à la suite des tarifs. (Page 18).

l'*Equateur*, des *Etats-Unis*, de *Guatémala*, de *Honduras*, de la *Nouvelle-Grenade*, de l'*Uruguay* et de *Vénézuéla*; mais la mise en vigueur de la loi du 19 mars 1866 en a généralisé, depuis le 12 juin 1869, l'application en ce qui concerne les importations en France. Enfin des traités et conventions, portant les dates des 18 juin 1865, 9 mars et 2 décembre 1866, et 6 avril 1861, ont, en outre, stipulé, en faveur de l'*Espagne*, du *Pérou* et de la *Russie*, des dérogations au tarif général, qui ne modifient pas toutefois le régime actuellement applicable aux soies et aux soieries.

(1) Les tares légales admises pour la perception des droits de douane sur les marchandises tarifées au poids net sont les suivantes :

Soies et bourre de soie filée ou cardée.	balles	revêtues de 2 enveloppes.	5 %
		» » » » avec doubles cordes ou cercles en fer.	6 %
		renfermant la marchandise à nu.	2 %
	caisses.		12 %
Tissus en caisses			12 %
Rubans de velours.		nos 1 à 20 inclus.	30 %
		nos 21 à 120.	20 %
		au-dessus du n° 120.	10 %

TARIF GÉNÉRAL D'IMPORTATION EN FRANCE

Ce tarif est applicable aux importations de tous les pays autres que ceux mentionnés ci-après (page 12), comme jouissant du bénéfice du tarif conventionnel.

DÉNOMINATION DES SOIES ET SOIERIES		UNITÉS sur lesquelles portent LES DROITS	TITRES de PERCEPTION	DROITS PERÇUS
SOIES				
Soies	en cocons.	100 k. B	18 avril 1857	exemptes
	écrues (1), gréges et moulinées, *y compris les douppions*.	100 k. N	16 mai 1863	exemptes
	teintes de toutes sortes.	id.	11 juillet 1868	exemptes
Bourre de soie (2)	en masse, écrue ou teinte	100 k. B	16 mai 1863	exempte
	peignée de toutes sortes	id.	11 juillet 1868	10 f. (déc. compris)
	filée, simple ou retorse, écrue, blanchie, azurée ou teinte, *mesurant au kilogramme* . . . . { 80,500 mètres simples ou moins	100 k. N	id.	75 f. (déc. compris)
	{ plus de 80,500 mètres simples	id.	id.	120 f. (déc. compris)
Fils de bourrette ou fils de déchets de bourre de soie, *mesurant au kilogramme*.	{ 30,500 mètres simples ou moins.	id.	id.	25 f. (déc. compris)
	{ plus de 30,500 mètres simples	id.	id.	Mêmes droits que les fils de bourre de soie
Œufs de vers à soie		100 k. B	18 avril 1857	exempts
TISSUS				
Foulards	Originaires de l'Inde, *importés de tous pays*.	1 k. N	16 mai 1863	exempts
	Autres { écrus (3).	id.	2 juillet 1836	7 fr. »
	{ imprimés (3)	id.	id.	14 fr. »

TARIF GÉNÉRAL D'IMPORTATION EN FRANCE (*suite*).

DÉNOMINATION DES SOIES ET SOIERIES				UNITÉS sur lesquelles portent LES DROITS	TITRES de PERCEPTION	DROITS PERÇUS
TISSUS (suite)						
Crêpes	Unis		des pays d'Europe	1 k. N	1 mai 1867	20 f. (déc. compris)
			des pays d'origine en Europe	id.	id.	20 f. (déc. compris)
			d'ailleurs	id.	id.	25 f. (déc. compris)
	brodés ou façonnés		des pays hors d'Europe.	id.	id	34 f. (déc. compris)
			des pays d'origine en Europe	id.	id.	34 f. (déc. compris)
			d'ailleurs	id.	id,	40 f. (déc. compris)
	Originaires des pays hors d'Europe *importés*		des pays hors d'Europe	id.	id.	exempts
			d'ailleurs	id.	id.	0 f. 25 (déc. compris)
Tissus de soie autres que les foulards et les crêpes	Originaires d'Europe	Etoffes (4) pures	unies (5)	id.	28 avril 1816	46 fr. »
			façonnées et brochées de soie (6)	id.	id.	19 fr. »
			brochées d'or ou { fin	id.	id.	31 fr. »
			d'argent. { faux		15 mars 1794	prohibées
		Etoffes (4) mêlées	de fil sans autre mélange (7)	id.	28 avril 1816	13 fr. »
			de fil et d'or ou { fin	id.		17 fr. »
			d'argent. { faux		15 mars 1794	prohibées
		Couvertures		100 k. N	id.	204 fr. »
		Tapis même mêlés de fil		id.	id.	306 fr. »
		Gaze	de soie pure	1. k. N	28 avril 1816	31 fr. »
			de soie mêlée de fil	id.	id.	17 fr. »
			de soie mêlée d'or { fin	id.	id.	62 fr. »
			ou d'argent. { faux		15 mars 1794	prohibée
		Tulle			10 mars 1809	prohibé

TARIF GÉNÉRAL D'IMPORTATION EN FRANCE (*suite*).

DÉNOMINATION DES SOIES ET SOIERIES					UNITÉS sur lesquelles portent LES DROITS	TITRES de PERCEPTION	DROITS PERÇUS
TISSUS (suite)							
Tissus de soie autres que les foulards et les crêpes *originaires d'Europe.*	Dentelles	de soie, dites *blondes*			valeur	17 déc. 1814	15 %
		d'or fin			1 k. N	28 avril 1816	200 fr. »
		d'argent fin			id.	id.	100 »
		d'or ou d'argent faux			id.	id.	25 »
	Bonneterie (8)				100 k. N	id.	1200 »
	Passementerie (9)	d'or ou d'argent.	fin		1 k. N	id.	30 »
			faux		id.	id.	3 »
		de soie	pure		id.	id.	16 »
			mêlée	d'or ou d'argent { fin	id.	id.	25 »
				faux	id.	id.	8 »
				d'autres matières (10).	id.	id.	8 »
	Rubans, même de velours				100 k. N	id.	800 »
Tissus de bourre de soie (fleuret)	Tissus, façon cachemire				id.	7 juin 1820	prohibés
	Etoffes (4)	pures			1 k. N	28 avril 1816	7 »
		mêlées d'or ou d'argent	fin		id.	id.	10 »
			faux		id.	15 mars 1791	prohibées
	Couvertures				100 k. N	id.	204 »
	Tapis, même mêlés de fil				id.	id.	306 »
	Bonneterie (8)				1 k. N	21 avril 1818	6 »
	Passementerie (9) et rubans				100 k. N	28 avril 1816	800 »

TARIF CONVENTIONNEL D'IMPORTATION EN FRANCE

Le tarif conventionnel est exclusivement applicable aux importations des soies et soieries des Etats suivants : Angleterre, Association allemande, Autriche, Belgique, Etats-Pontificaux, Italie, Pays-Bas, Portugal, Suède et Norwége, Suisse, Empire Ottoman, et Villes anséatiques (Voyez le tableau ci-après, page 24, et les chapitres particuliers consacrés à chacun de ces pays).

Les soies et soieries non originaires des pays ci-dessus sont soumises aux conditions du tarif général; mais si elles ont reçu, dans un d'entre eux, un complément de main-d'œuvre de quelque importance, elles sont cosidérées comme originaires de ce même pays.

En principe, le tarif conventionnel n'est applicable qu'aux produits du sol et des manufactures des pays contractants, importés directement en France des pays d'origine. Toutefois, dans l'application, cette obligation est restreinte, en ce qui concerne les marchandises qui nous occupent, aux crêpes de soie unis, brochés ou façonnés, lesquels, toutefois, participent encore au bénéfice des traités, lorsque, transportés par terre ou par les voies de navigation intérieure, depuis le lieu de l'origine jusqu'en France, ils n'ont pas fait emprunt de la voie de mer. Toutes les soies et soieries (autres que les crêpes) originaires de l'un des Etats contractants, sont donc admis au bénéfice du tarif conventionnel, de quelque part qu'elles viennent.

TARIF CONVENTIONNEL D'IMPORTATION EN FRANCE.

DÉNOMINATION DES SOIES ET SOIERIES	UNITÉS sur lesquelles portent LES DROITS	TITRES de PERCEPTION	DROITS PERÇUS décimes compris
SOIES			
En cocons, écrues, gréges et moulinées		18 avril 1857 16 mai 1863	exemptes
Teintes, à coudre, à broder, à dentelles et autres	100 k. N	16 nov. 1860 1 mai 1861 17 janv. 1863	exemptes
Bourre de soie (2).			
En masse		id.	exempte
Peignée et cardée	id.	id.	10 f. »
Filée, simple ou retorse, écrue, blanchie, azurée ou teinte, *mesurant au kilogramme* (11). { 80,500 mètres simples, ou moins	id.	id.	75 »
plus de 80,500 mètres simples	id.	id.	120 »
Œufs de vers à soie		11 juillet 1866	exempts
TISSUS			
Tissus, bonneterie, passementerie et dentelles de soie pure, *unis, façonnés ou brochés* (12)	id.	16 nov. 1860	exempts
Crêpes façon d'Angleterre, *écrus, noirs ou de couleur*	id.	id.	exempts
Tulles unis ou façonnés, *écrus ou apprêtés* (13)	id.	id.	exempts
Tissus de bourre de soie pure, ou de soie et de bourre de soie *écrus, blancs, teints ou imprimés* (14)	id.	16 nov. 1860 1 mai 1861 17 janv. 1863	200 »
Tissus, passementerie et dentelles de soie ou de bourre de soie, avec or ou argent. { fin	id.	id.	1200 »
mi-fin ou faux .	id.	id.	350 »
Rubans de soie ou de bourre de soie (15) { de velours	id.	id.	500 »
autres	id.	id.	400 »
Tissus de soie mélangés d'autres matières textiles, *la soie ou la bourre de soie, dominant en poids*. { Rubans (15) { de velours . .	id.	id.	500 »
autres	valeur		10 °/₀
autres	100 k. N	id.	300 »
Vêtements et articles confectionnés (16).	Régime du tissu dominant en poids.		

TARIFS D'EXPORTATION ET DE TRANSIT

La loi du 16 mai 1863 (*Bulletin des lois*, série XI, t. 21) a consacré la franchise à l'exportation des cocons, fils et tissus de soie et de bourre de soie de toutes sortes. Le transit est également affranchi de tous droits.

ADMISSIONS TEMPORAIRES

Les tissus de soie et de bourre de soie, désignés dans le tableau ci-dessous, jouissent du bénéfice de l'admission temporaire en franchise de droit, à chargé de réexportation, après avoir reçu le complément de main-d'œuvre indiqué (1).

Aux termes de l'article 5 de la loi du 5 juillet 1836 (*Bulletin des lois*, XIe série, t. 13), ces tissus doivent être réexportés ou rétablis en entrepôt, dans les délais fixés, sous peine, pour le soumissionnaire, d'une amende égale au quadruple des droits applicables à l'importation des mêmes produits.

DÉNOMINATION DES TISSUS	TITRE en vertu duquel l'admission a lieu.	ÉTAT dans lequel les tissus doivent être représentés	DÉLAIS FIXÉS pour la REPRÉSENTATION
Châles en crêpe de chine unis. . . . . Crêpes en pièces de fabrication chinoise	Décrets {14 décembre 1853 des. . {22 mars 1854 Décision ministérielle du 29 octobre 1855.	Châles *brodés*. Crêpes de Chine *teints ou imprimés*.	6 mois.
Foulards et tissus de bourre de soie en pièces *écrus*. .	Loi du 13 mai 1837. Décision du 4 janvier 1862	Foulards et tissus de bourre de soie *imprimés*.	3 mois.

(1) Nota. — Pour aucun de ces tissus il n'est alloué de déchet, et l'importation aussi bien qué la réexportation ne peuvent avoir lieu que par les entrepôts de Lyon et Paris, et par les bureaux de Marseille, Bordeaux, Nantes, le Hâvre, Rouen, Dunkerque, Calais, Boulogne, Saint-Louis, Lille, Forbach et Strasbourg.

TARIFS

des

COLONIES ET POSSESSIONS FRANÇAISES

ILE DE CORSE

Tarif d'importation des pays étrangers en Corse.

Le tarif général d'importation en Corse est le même que dans la métropole, sauf pour les *tissus de fleuret*, soumis, par la loi du 21 avril 1818, à une taxe de 1 fr. par kilogramme net. Les dispositions des traités de commerce sont d'ailleurs applicables en Corse (1).

Tarif d'importation de France en Corse.

Les soies et soieries d'origine française n'acquittent aucun droit à leur entrée dans l'Ile.

Les soies et soieries réexportées des entrepôts de France, à destination de la Corse, sont traitées, à leur arrivée dans l'île, comme elles l'auraient été à la sortie de ces mêmes entrepôts, en raison de leur provenance primitive, si, au lieu d'être dirigées sur la Corse, elles avaient été déclarées pour la consommation.

Tarif d'importation de Corse en France.

Tous les produits du sol et des fabriques de la Corse sont admis en exemption de droits. Les produits non originaires de la Corse sont soumis aux conditions du tarif à leur importation en France.

---

(1) Pour les soies et soieries de toutes espèces (autres que les tissus de fleuret) taxées au poids, on réduit de *moitié* la portion du droit qui excède 5 fr. par 100 kilogrammes, conformément à ce qui est prescrit par l'article 6 de la loi du 21 avril 1818. — Quand il s'agit d'un droit comprenant les 2 centimes, on ne réduit de moitié que la portion qui excède 6 fr.

ALGÉRIE

(Loi du 17 juillet 1867)

Tarif d'importation des pays étrangers en Algérie.

Les soieries sont soumises aux mêmes droits que dans la métropole (d'après le tarif général ou d'après le tarif conventionnel, selon les provenances). Les soies de toutes sortes entrent en franchise comme article non dénommé dans le tarif spécial à l'Algérie.

Tarif d'importation de France en Algérie.

Les soies et soieries originaires de France et les soies et soieries étrangères, nationalisées dans la métropole par le paiement des droits, sont admis en franchise à leur importation directe dans les ports de l'Algérie (loi du 17 juillet 1867, art. 2). Quand aux soies et soieries venant de France par suite d'entrepôt ou de transit, elles sont traitées comme si elles arrivaient de l'étranger.

Tarif d'importation d'Algérie en France.

Les soies et soieries d'origine algérienne et celles d'origine étrangère, qui ont été nationalisées en Algérie par le paiement des droits du tarif de la métropole, sont admis en franchise. Les soies et soieries qui ont joui de la franchise en Algérie, ou qui arrivent de l'Algérie par suite d'entrepôt ou de transbordement, suivent le même régime qu'à l'importation de l'étranger, et les droits sont calculés selon la provenance, soit d'après le tarif général, soit d'après le tarif conventionnel.

SÉNÉGAL

Les importations du Sénégal en France sont soumises aux conditions du tarif général.

AUTRES COLONIES ET POSSESSIONS FRANÇAISES

Tarif d'importation en France (1).

Les soies et soieries originaires des Antilles, de la Réunion, de la Guyane et des autres colonies et possessions (*à l'exception de l'Algérie et du Sénégal*) sont admises en franchise. (Lois des 3 juillet 1861 et 16 mai 1863).

Les soies (*rangées parmi les produits naturels*) non originaires des établissements français situés au delà du cap de Bonne-Espérance (*autres que ceux de l'Inde*) (2) et dans l'Océanie, paient les 4/5 des droits applicables à la provenance la plus favorisée, autre que les colonies et possessions françaises. (Loi du 26 juillet 1856.)

Les soies non originaires des Antilles, de la Réunion, de la Guyane et des autres possessions (*à l'exception de l'Algérie et du Sénégal* sont soumises aux conditions du tarif général.

Les soieries non originaires de toutes les possessions et colonies (*autres que l'Algérie et le Sénégal*) suivent également le régime du tarif général.

----

(1) Les importations des colonies et possessions françaises *autres* que la Réunion, les Antilles, la Guyane, l'Algérie, Saint-Louis (Sénégal), Gorée et ses dépendances, et les établissements de la Côte-d'Or et du Gabon ne peuvent s'effectuer *que sous pavillon français.*

(2) Aucun privilége particulier n'est accordé aux produits des établissements français dans l'Inde ; ils sont traités, sous le rapport du tarif, comme les produits provenant des autres parties de l'Inde.

NOTES EXPLICATIVES

(1) **Soie écrue**. — La soie *décrusée* est, dans le silence de la loi, assimilée aux soies écrues, quand elle n'a reçu aucune teinture; dans le cas contraire, elle est soumise au droit des soies teintes.

(2) **Bourre de soie**. — C'est le déchet provenant soit des cocons dont la phalène n'a pas été étouffée, soit du moulinage des soies gréges. On traite comme *bourre de soie en masse*, suivant leur état, les capitons, qui sont des déchets de la filature des cocons, noués ensemble et réunis en écheveaux.

Les cocons décrusés suivent également le régime de la bourre de soie écrue en masse.

(3) **Foulards écrus et imprimés**. — Sont considérés comme *écrus* les foulards fabriqués avec de la soie naturellement blanche; mais on assimile aux foulards *imprimés* les foulards fabriqués avec de la soie blanchie, ainsi que ceux qui, fabriqués en écru, ont été blanchis après le tissage. Les foulards teints et les foulards façonnés, dits *damassés*, qu'ils soient en écru ou en couleur, suivent le régime des foulards imprimés.

(4) **Etoffes**. — La dénomination d'*étoffes* ne s'applique, en général, qu'aux tissus pleins et maniables, comme les *velours, taffetas, croisés, levantines, reps, satins, dumas, gros de Tours, gros de Naples*. Les *châles et mouchoirs* suivent le régime des étoffes; mais les tapis et couvertures, non plus que les tissus à jour (gaze, crêpes, tulle, dentelles, etc.) ne sont pas rangés dans la catégorie des étoffes.

(5) **Etoffes unies**. — Tout tissu uniquement fabriqué au moyen de lisses est tissu uni; ainsi le *croisé*, le *satin*, le *cannelé*, les *armures* rentrent dans la catégorie des étoffes unies.

(6) **Etoffes façonnées**. — On appelle façonnées les étoffes présentant un fond uni, dans lequel un sujet est produit par l'effet de la chaîne et de la trame ou de la combinaison simultanée de l'une et de l'autre, en sorte que la trame et la chaîne font toujours corps d'étoffe sans flotter à l'envers. Des fils, de couleurs différentes, simplement croisés dans les deux sens de

l'étoffe, ne constituent pas le façonnage. Pour qu'une étoffe soit taxée comme façonnée, il ne suffit donc pas qu'elle soit à filets, raies ou carreaux, il faut qu'elle présente des dessins ou des contours, sinon elle est classée parmi les étoffes unies.

(7) Les tissus de soie, les rubans (velours, peluches, etc.), mélangés de laine ou de coton, sont, dans le tarif général (mais non dans le tarif conventionnel), passibles de la prohibition à l'entrée.

(8) **Bonneterie.** — Cette dénomination comprend les bourses et tous les objets propres à servir de vêtements, tricotés à la main ou au métier, mais non les tricots en pièces: ceux-ci suivent le régime des tissus proprement dits.

(9) **Passementerie.** — La passementerie comprend les aiguillettes, cordons, cordonnets, franges, galons, ganses, jarretières, lacets, tresses, sangles, torsades, etc.

(10) **Passementerie mêlée d'autres matières.** — Le coton n'est pas compris parmi les matières dont il est ici question. Ainsi la passementerie de soie mêlée de coton reste assujettie à l'entrée, à la prohibition qui affecte (dans le tarif général seulement) les tissus où il entre du coton.

(11) **Bourre de soie filée.** — Les traités ne distinguent pas entre les fils de bourre de soie et les fils de bourrette. On applique à ces derniers le régime plus favorable établi par le tarif général.

(12) **Tissus... de soie pure.** — Cette catégorie comprend tous les tissus de soie pure qui ne se trouvent pas nommément désignés dans les autres subdivisions du tarif des soieries.

(13) **Tulles.** — Les traités ne dénomment que les tulles de soie pure. Les tulles de bourre de soie pure rentrent dans la série des tissus de bourre de soie. Quant aux tulles de soie mélangés de coton ou de bourre de soie, ils suivent le régime des tulles de soie pure, des tulles de coton ou des tulles de bourre de soie, selon que la soie, le coton ou la bourre de soie domine en poids dans le mélange. (*Avis du comité consultatif du 6 mai 1863 et décision ministérielle du 3 août 1867*).

(14 **Tissus de bourre de soie pure ou de soie et de bourre de soie.** — On comprend dans cette classe, indépendamment des étoffes, les tissus façon cachemire, les couvertures, les tapis, la passementerie, la bonneterie et les tulles; on y range même les tissus de bourrette.

Les tissus formés d'un mélange de bourre de soie et de soie pure sont traités comme les tissus en bourre de soie, alors même que la soie pure domine en poids. Toutefois, par exception, les tulles de soie et bourre de soie suivent le régime des tulles de soie pure, lorsque la soie domine en poids dans le mélange.

Les foulards fabriqués dans l'Inde, imprimés dans le Royanme-Uni, sont admis à jouir du tarif conventionnel. (*Lettre de l'administration des douanes, du 27 mars 1869.*)

(15) **Rubans.** — Bien que les tarifs annexés aux conventions taxent uniformément à 10 % de la valeur tous les rubans de soie ou de bourre de soie mélangée, la soie ou la bourre de soie

dominant, on **a** entendu que les rubans de soie et coton façon velours suivraient le régime des rubans de velours de soie pure ou celui des rubans de coton, selon que l'une ou l'autre matière dominerait en poids dans le mélange. Le tableau des droits a été libellé en conséquence.

On considère comme rubans de soie ou de bourre de soie pure les rubans dont la lisière seule est en coton, ou qui présentent en chaîne quelques fils de lin recouverts de soie et destinés à donner aux tissus de la consistance et du relief.

On range, non parmi les rubans, mais parmi les tissus, les simples bandes taillées dans des pièces de soie pour faire des cravates ou autres objets analogues, et dans la passementerie, les galons dont on entoure les chapeaux de soie ou de feutre pour hommes. On assujettit, au contraire, au droit des rubans, les bandes de velours tissées en pièces et destinées à servir comme rubans, après avoir été détachées les unes des autres au moyen d'un simple coupage aux ciseaux.

(16) **Vêtements et articles confectionnés.** — On applique aux vêtements et articles confectionnés, dans lesquels entre la soie, le régime du tissu dominant en poids. Ils sont ainsi traités, suivant le cas, soit comme tissus de pure soie admissibles en franchise, soit comme tissus de bourre de soie ou de soie et de bourre de soie, soit comme tissus de soie ou de bourre de soie avec or ou argent, soit comme tissus de soie et bourre de soie mélangées de laine, de coton, de fil, etc., avec prédominance de la soie ou de la bourre de soie ; soit enfin, si la soie ou la bourre de soie ne dominent pas en poids, comme confections en laine, en coton, en fil, etc.

DEUXIÈME PARTIE

TARIFS

des

DOUANES ÉTRANGÈRES

TRAITÉS CONVENTIONNELS

DE COMMERCE

Conclus par la France

(1860-1869)

Le tableau de la page ci-après indique les dates des divers actes
qui ont accompagné la conclusion des traités conventionnels de commerce, leur durée et l'époque jusqu'à laquelle chacun d'eux est applicable. Tous ces traités, d'ailleurs, excepté celui du 29 avril 1861 avec la
Turquie, ont été conclus avec clause de tacite reconduction; c'est-à-dire
que si aucune des deux parties contractantes ne notifie, douze mois avant
la date à laquelle chacun d'eux doit prendre fin, son intention d'en faire
cesser les effets, celui-ci continuera à rester en vigueur encore une année,
et ainsi de suite, d'année en année, jusqu'à l'expiration d'une année, à
partir du jour où l'une des parties contractantes l'aura dénoncé. Quant à
la convention turque, qui est valable jusqu'en 1890, les Tarifs y annexés
peuvent être révisés tous les sept ans.

Nous n'avons pas compris dans le tableau ci-après les grands-duchés de
Mecklembourg et la Ville libre de Lubeck, qui ont adhéré à l'Union
douanière allemande, dans le courant de l'année 1868.

Tableau des Traités conventionnels de commerce

PAYS CONTRACTANTS	DATE DE LA CONCLUSION DES TRAITÉS	DATE DE L'ÉCHANGE des RATIFICATIONS	DATE DU DÉCRET de PROMULGATION	DATE DE LA MISE A EXÉCUTION	DURÉE des TRAITÉS	DATE à laquelle LES TRAITÉS PRENNENT FIN
Angleterre	23 janvier 1860	4 février 1860	10 mars 1860	15 mai 1860	10 années	3 février 1870
Association Allemande	2 août 1862	9 mai 1865	10 mai 1865	1er juillet 1865	12 années	8 mai 1877
Autriche	11 décem. 1866	18 décem. 1866	19 décem. 1866	1er janvier 1867	10 années	31 décem. 1877
Belgique	1er mai 1861	27 mai 1861	27 mai 1861	1er juin 1861	10 années	26 mai 1871
Etats-Romains . . .	29 juillet 1867	27 septem. 1867	5 octobre 1867	1er novem. 1867	10 années	31 octobre 1877
Italie	17 janvier 1863	19 janvier 1864	20 janvier 1864	1er février 1864	12 années	31 janvier 1876
Pays-Bas	7 juillet 1865	10 août 1865	15 août 1865	1er septem. 1865	12 années	31 août 1877
Portugal	11 juillet 1866	15 juillet 1867	27 juillet 1867	1er septem. 1867	12 années	14 juillet 1879
Suède et Norwége.	14 février 1865	22 mars 1865	25 mars 1865	15 avril 1865	12 années	21 mars 1877
Suisse.	30 juin 1864	24 novem. 1864	28 novem. 1864	1er juillet 1865	12 années	23 novem. 1876
Turquie.	29 avril 1861	29 juin 1861	14 juillet 1861	31 mars 1862	28 années	30 mars 1890
Villes anséatiques. (Brême et Hambourg)	4 mars 1865	1er juin 1865	3 juin 1865	1er juillet 1865	10 années	31 août 1877

ANGLETERRE

(Traité de commerce du 23 janvier 1860. — Convention du 16 novembre
Acte du 15 mai 1860.)

La base sur laquelle reposent nos relations commerciales avec l'Angleterre est le traité de commerce du 23 janvier 1860, ratifié le 4 février suivant, conclu pour une période de dix années, avec clause tacite de reconduction d'année en année. Cet acte, suivi de deux articles additionnels, portant les dates des 25 février et 27 juin 1860, a été inséré intégralement, et dans sa teneur officielle, ainsi que la convention du 16 novembre 1860, qui a réglé l'importation en France des tissus anglais, dans les *Annales du commerce extérieur* (France, L. C., n° 188 et 193).

Le traité du 23 janvier 1860 est applicable à la Grande-Bretagne proprement dite (Angleterre, Ecosse et Irlande), à l'exclusion des autres possessions britanniques en Europe et hors d'Europe ; toutefois une décision ministérielle du 28 janvier 1861 a étendu le bénéfice de ses dispositions aux îles anglo-normandes de Jersey, Guernesey et Aurigny.

Tarif d'importation d'Angleterre en France.

Régime du tarif conventionnel (Voy. pages 12-13).

Tarif d'importation de France en Angleterre.

La loi-tarif du 14 août 1855 avait affranchi de tous droits d'entrée en Angleterre les cocons, soies et fils de soie et de bourre de soie de toutes espèces; l'acte du 15 mai 1860, rendu pour assurer l'effet et généraliser l'application des stipulations du traité avec la France, a étendu cet affranchissement à tous les tissus de soie sans exception. Un second acte du 28 août suivant, dit de *consolidation,* a réuni en contexte les dispositions nouvelles et celles qui ont été maintenues; enfin, un tarif officiel des douanes anglaises, résumant et coordonnant les modifications apportées par les différents actes votés en 1860, à la suite du traité de commerce, a été publié par les soins du Conseil des Douanes.

Ces divers documents ont été traduits dans les *Annales du commerce extérieur* (Angleterre. L. C., n°s 36 et 38).

Tarif d'exportation d'Angleterre.

Tous droits d'exportation ont été supprimés en 1860.

Les poids, monnaies et mesures les plus en usage en Angleterre sont :

La *livre sterling* (20 shillings) . .	25 francs.	»»	
Le *shilling* (12 pence)	1 —	25	centimes.
Le *penny*	0 —	10	»
La *livre*	0 kil. 453 gr.		
L'*once*	0 — 028 gr.		
Le *yard*.	0 mètre 91	centimètres.	
Le *pied*.	0 — 30	»	

ASSOCIATION ALLEMANDE

(Traité de commerce du 2 août 1862.)

L'Association douanière allemande ou Zollverein, prorogée par le décret reconstitutif du 16 mars 1865, pour une nouvelle période de douze années, qui a commencé en 1866, comprend tous les Etats de la Confédération de l'Allemagne du Nord, la Bavière, le Wurtemberg, les grands-duchés de Bade et de Hesse, et aussi les grands-duchés de Mecklembourg et la ville libre de Lubeck, qui ont accédé à l'Association dans le courant de l'année 1868 (*Annales du commerce extérieur*, Association allemande, L. C., nᵒˢ 27 et 31. — *Circulaires de la Direction générale des Douanes*, nᵒˢ 1,100 et 1,101).

Nos rapports de commerce avec le Zollverein dérivent actuellement du traité du 2 août 1862, conclu pour douze années, à partir du jour de l'échange des ratifications, fait, à Berlin, le 9 mai 1865. Cet acte, qui est entré en vigueur le 1ᵉʳ juillet suivant, et dont les dispositions ont été rendues applicables au duché de l'Elbe, a été reproduit, dans sa teneur officielle, aux *Annales du commerce extérieur* (France, L.C., nᵒ 228).

Tarif d'importation du Zollverein en France.

Régime du Tarif conventionnel. (*Voy.* pages 12-13.)

Tarif d'importation de France dans le Zollverein.

Nous avons extrait le tableau ci-après du Tarif annexé au traité du 2 août, qui a fixé les droits applicables aux produits d'origine ou de manufacture française, importés directement soit par terre, soit par mer sous pavillon de l'un des Etats du Zollverein, ou sous pavillon français. (*Annales du commerce extérieur*, Association allemande, L. C., nᵒ 26.) Le traité intervenu le 9 mars 1868, entre la Prusse et l'Autriche, et dont les stipulations sont applicables à la France, en vertu de la clause de la nation la plus favorisée, n'a apporté aucun dégrèvement nouveau dans les droits afférents à nos importations de soies et soieries dans le Zollverein.

Les droits se comptent en thalers dans l'Allemagne du Nord, et en florins dans la Bavière.

Le *thaler* (30 silbergros). . . . = 3 fr. 75 c.

Le *silbergros* (gros d'argent) . . = 0 fr. 12 c. 1/2

Le *florin* (60 kreutzers). . . . = 2 fr. 14 c. 28

Le *kreutzer* . . . . = 0 fr. 03 c. 57

Le *quintal* (100 livres) de douane = 50 kilogr.

DÉNOMINATION DES SOIES ET SOIERIES	DROITS PERÇUS				
	Unités allemandes			Unités françaises	
	Bases	Quotité		Bases	Quotité
		en thalers	en florins		
		th. sgr.	fl. kr.		fr. c.
Soies					
Soie en cocons, grége ou moulinée mais non teinte			exempte		
Soie et bourre de soie teintes.	quintal	4 »	7 »	kil.	» 30
Bourre de soie cardée, filée simple ou retorse mais non teinte.			exempte		
Tissus					
Tissus de soie ou de bourre de soie pure ou combinée avec des fils métalliques.	»	40 »	70 »	kil.	3 »
N. — Sous cette rubrique sont compris :					
1° *Blondes, dentelles, tulles, bonneterie, broderies, châles et fichus, galons, gaze, articles de mode, passementerie, petinet et rubans, gaze et articles de modes, de soie ou de bourre de soie pure ;*					
2° *Etoffes de soie ou de bourre de soie brochées d'or ou d'argent fin ou faux; tresses et filés de fils métalliques et de soie.*					
Tissus (et autres articles ci-dessus dénommés) de soie ou de bourre de soie mélangée de laine, poils, coton, lin, faisant corps avec la soie (*à l'exception des étoffes d'or et d'argent*).	»	30 »	52 30	»	2 25
Vêtements confectionnés de soie	»	40 »	70 »	»	3 »

Tarifs d'exportation et de transit.

L'exportation et le transit de soies et soieries dans l'Association allemande sont, en vertu du traité du 2 août 1862, affranchis de tous droits de douane. (Art. 4 et 23 du traité).

AUTRICHE

(Traité de commerce du 11 *décembre* 1866.)

La France et l'Autriche ont conclu à Vienne, le 11 décembre 1866, un traité de commerce qui règle actuellement les rapports d'échange des deux pays. Cet acte est valable pour une période de dix années, qui prendra fin au 31 décembre 1877. Il a été inséré, dans sa teneur officielle, aux *Annales du commerce extérieur* (France, L. C., n° 242).

Tarif d'importation d'Autriche en France.

Régime du Tarif conventionnel (*Voy.* pages 12-13).

Tarif d'importation de France en Autriche.

Les droits applicables aux tissus de soie importés sous pavillon français ou autrichien ont été fixés dans le Tarif annexé au Traité ; quant aux soies, elles sont restées soumises au régime général en vigueur comme article non dénommé.

Nous avons extrait le tableau ci-après des *Annales du commerce extérieur* (Autriche, L. C., n° 12), qui ont donné la traduction du tarif des douanes de l'Empire d'Autriche, présentant, dans des colonnes séparées, les droits du Tarif qui n'ont pas été modifiés par des traités, et d'autre part les droits résultant de ces traités. Le 9 mars 1868, une nouvelle convention de commerce, dont les stipulations sont applicables à la France, en vertu de la clause de la nation la plus favorisée, est intervenue entre la Prusse et l'Autriche ; mais cet acte n'a apporté aucun dégrèvement dans le régime d'importation auquel étaient soumises les soies et soieries françaises.

Les conversions des unités autrichiennes en unités françaises ont été faites sur le pied suivant :

Le *florin*. . . . . = 2 fr. 50 c.

Le *kreutzer*. . . . . = 0 fr. 2 c. 1/2

Le *zollcentner* (quintal de douane). = 50 kilogr.

TARIF D'IMPORTATION EN AUTRICHE

DÉNOMINATION DES SOIES ET SOIERIES	DROITS PERÇUS			
	Unités autrichiennes		Unités françaises	
	Bases	Quotité	Bases	Quotité
Soies		Fl. Kr.		Fr. C.
Soie en cocons		exempte		
Soie écrue grége	quintal br.	» 80	kil. br.	» 04
Déchets de soie non filés	»	» 80	»	» 04
Soie écrue moulinée (*organsin, trame, à coudre*) pure ou mélangée d'autres matières susceptibles d'être filées	quintal n.	88 »	kil. n.	» 40
Déchets de soie filés, purs ou mélangés d'autres matières susceptibles d'être filées, non teints	»	88 »	»	» 40
Soie pure ou mélangée d'autres matières susceptibles d'être filées, blanchie ou teinte	»	15 75	»	» 79
Déchets de soie filés, purs ou mélangés d'autres matières susceptibles d'être filées, teints	»	15 75	»	» 79
Tissus				
Tissus et bonneterie de soie, fins	quintal n.	120 »	kil. n.	6 »
N. — *Sous la dénomination de tissus fins sont compris :* 1° *Tous tissus en soie ou fleuret pur.* 2° *Blonde de toutes espéces, dentelles, châles à dentelles et tissus brodés de toute espéce.* 3° *Tissus de toutes sortes, mélangés d'or ou d'argent filé, fin ou faux, ou de verre filé.*				
Lesdits articles repris sous 1, 2 et 3, à partir du 1er janvier 1872	»	80 »	»	4 »
Tissus et bonneterie de soie communs	»	60 »	»	3 »
N. — *Sous cette dénomination sont compris tous les tissus, autres que ceux mentionnés ci-dessus, contenant de la soie combinée avec d'autres matières textiles, savoir :* 1° *Tissus moitié soie, c'est-à-dire dont la chaîne ou la trame consistent, prises séparément ou ensemble, principalement en soie ou en fleuret.* *Bonneterie dont le fil à maille consiste principalement en soie ou en fleuret.* 2° *Châles en soie et laine.* *Velours, longs poils et peluches.*				

TARIF D'IMPORTATION EN AUTRICHE (Suite).

DÉNOMINATION DES SOIES ET SOIERIES	DROITS PERÇUS			
	Unités autrichiennes		Unités françaises	
	Bases	Quotité	Bases	Quotité
Tissus (suite)		fr. c.		fr. c.
Barèges ;				
Mousselines, gazes et autres tissus légers ;				
3° Rubannerie, passementerie et bonneterie ;				
Tous les articles nommés sous 1, 2 et 3, en tant qu'ils ne sont pas compris dans les tissus et bonneterie de soie fins.				
N. — Ne sont pas classés parmi les tissus de soie pure ou mélangée: les tissus dans la fabrication desquels la soie entre uniquement pour la formation d'un dessin ou comme ornement.				
Effets d'habillements et articles de mode :				
1° En tissus ou bonneterie de soie communs, y compris ceux dans la confection desquels entrent des tissus passibles d'un droit inférieur.	quintal	65 »	kil. n.	3 25
2° En tissus de soie fins, y compris ceux dans lesquels entrent des tissus et articles de bonneterie passibles d'un droit inférieur.) Jusqu'au 31 décembre 1871 . .	»	125 »	»	6 25
A partir du 1er janvier 1872 . .	»	85 »	»	4 25

Tarifs d'exportation et de transit.

Les art. 4 et 5 du Traité du 11 décembre 1866 ont stipulé que les soies et soieries de toute nature exportées de l'Autriche pour la France seront exemptes de droits de sortie, et que les mêmes marchandises venant de France ou y allant seront exemptes de tout droit de transit.

BELGIQUE

(*Traité de Commerce du* 1ᵉʳ *mai* 1861. — *Convention du* 12 *mai* 1863.)

La France et la Belgique ont conclu le 1ᵉʳ mai 1861 un Traité de commerce qui a été reproduit dans sa teneur officielle aux *Annales du Commerce extérieur* (France L. C., n° 202). Les livraisons (Belgique L, C., nᵒˢ 56 et 57) du même recueil renferment le texte de divers actes relatifs à l'application de ce traité, ainsi que celui de la convention additionnelle intervenue entre les deux pays, le 12 mai 1863.

Une loi rendue par le Gouvernement belge, le 14 août 1865, a, par une disposition libérale, généralisé l'application du tarif conventionnel de la Belgique résultant des traités de commerce. Le Tarif officiel des douanes approuvé en suite de cette loi, par arrêté royal du 30 mars 1866, a été inséré dans les *Annales.* (Belgique L. C., n° 61.)

Tarif d'importation de Belgique en France.

Régime du Tarif conventionnel. (*Voy.* pages 12-13.)

Tarif d'importation de France en Belgique.

Le tableau ci-après a été extrait du Tarif annexé à la loi du 30 mars 1866 applicable aux produits français, tous droits additionnels compris.

Les monnaies, poids et mesures sont les mêmes qu'en France.

TARIF D'IMPORTATION EN BELGIQUE.

DÉNOMINATION DES SOIES ET SOIERIES	DROITS PERÇUS	
	Bases	Quotité
		fr. c.
Soies		
Soies et bourres de soie de toutes sortes, sans distinction, y compris les soies à coudre et à broder, et la chenille de soie, même montée sur laiton.	exemptes	
Tissus		
Tulles et dentelles.	valeur	5 %
Tissus de soie tous autres	kil.	3 »
Sous cette rubrique, sont compris : La Bonneterie, la Passementerie, la Rubannerie, les couvertures, les tapis et tapisseries, les tissus de soie cirés ou gommés, tels que taffetas et gaz de soie gommés, les objets confectionnés , en tout ou en partie, n'appartenant pas à la classe des *habillements*, etc., etc.)		
Tissus de soie mélangés d'autres matières, la soie dominant en poids . *N. — Les tissus formés d'autres matières suivent le régime de celles qui dominent en poids dans le mélange.*	»	3 »
Habillements.	valeur	10 %
N. — Cette classe comprend tous les objets de vêtements confectionnés, en tout ou en partie, qui ne rentrent pas dans une catégorie spéciale du tarif, ainsi que les ouvrages de mode proprement dits : chapeaux, châles, mouchoirs, fichus, etc., brodés ou garnis de franges ornements après la fabrication du tissu ; cols-cravates, rubans-cravates et autres articles analogues. Les châles, genre ou imitation de cachemire, en chaine et trame de bourre de soie, sont traités soit comme tissus de soie, soit comme habillements.		

Tarifs d'exportation et de transit.

L'exportation et le transit des soies et soieries de toutes sortes sont exempts de tous droits de douane en Belgique.

BRÉSIL

(Tarif du 3 novembre 1860.)

Le Tarif des douanes brésiliennes actuellement applicable, porte la date du 3 novembre 1860; un décret du 19 septembre précédent avait réuni en un seul contexte toute la partie réglementaire de la législation douanière de cet Etat. La traduction de ces deux actes a été donné dans les *Annales du Commerce extérieur*. (Brésil, L. C., n° 15.)

La France jouit d'ailleurs au Brésil du traitement de la nation la plus favorisée, en vertu du Traité de commerce du 7 juin 1826, qui est encore en vigueur. (*P. Boiteau, les Traités de commerce.*)

Tarif d'importation du Brésil en France.

Régime du Tarif général (*Voy.* pages 9 à 11).

Tarif d'importation de France au Brésil.

Le Tarif ci-après a été mis en vigueur par la loi du 3 novembre 1860.

La monnaie de compte inscrite à ce Tarif est le *réal*, dont la valeur est de 0 fr. 00 c. 265. Les comptes se tiennent en *milreis*, centaines de milreis et *contos*. Le cours du réal à Rio-Janeiro est sujet à de fréquentes variations; il oscille entre 300 et 350 reis pour 1 fr., soit entre 3 fr. et 3 fr. 33 pour milreis.

Les poids les plus usités sont la *livre* de 0 k. 459 gr.; l'*arrobe* (32 livres) de 14 k. 680 gr., et le *quintal* (128 livres) de 58 k. 720 gr. La *vare*, mesure de longueur, vaut 1 mètre 10; le *pied*, 0 mètre 33 centimètres.

En vertu de la loi du 26 juin 1862, le système métrique français des poids et mesure remplace graduellement le système brésilien, et il sera le seul légal à partir du 26 juin 1872.

TARIF D'IMPORTATION AU BRÉSIL.

DÉNOMINATION DES SOIES ET SOIERIES	DROITS PERÇUS				TANT pour 0/0
	Unités brésiliennes		Unités françaises		
	Bases	Quotité	Bases	Quotité	
Soie		reis.			
Vers à soie en cocons.		exempts		exempts	
Cocons	la livre	120	kil.	0 69	10 0/0
Soie brute.	»	350	»	2 02	10 0/0
Fil de soie écru ou teint.	»	500	»	2 89	10 0/0
— — floche à broder.	»	1,200	»	6 93	10 0/0
— — torse ou moulinée.	»	1,200	»	6 93	10 0/0
— — de toute autre sorte		1,200	»	6 93	10 0/0
Tissus					
Baréges, tulle, gaze, crêpes et { unis ou façonnés. .	la livre	8,000	kil.	46 21	30 0/0
autres tissus similaires . . { brodés.	valeur		valeur		30 0/0
Brocards, lamés, [à fond d'or ou d'argent demi-fin ou faux.	la livre	2,000	kil.	11 55	20 0/0
étoffes et autres	— — autres.	»	5,000	»	28 88	20 0/0
tissus pour habits [avec fleurs isolées ou /					
sacerdotaux et } réunies, émaillés ou { demi-fin ou faux.	»	1,500	»	8 66	20 0/0
ornements d'église, [non émaillés, en or]					
façonnés ou brodés [ou en argent { autres.	»	3,000	»	17 33	20 0/0
Brocatelles et autres tissus pour garnitures de voitures et de meubles et les similaires.	»	4,000	»	23 11	30 0/0
Chenilles en pièces.	»	8,000	»	46 21	30 0/0
— en ouvrages de toutes sortes.	valeur		valeur		30 0/0
Gaze de soie gommée.	la livre	3,600	kil.	20 79	30 0/0
Pékin, Damas, *Nobrezas*, Serge, { unis ou façonnés.	»	6,000	»	34 66	30 0/0
Satin, taffetas et autres tissus {					
non dénommés, { brodés.	valeur		valeur		30 0/0
Peluche.	la livre	4,000	kil.	23 11	30 0/0
Tapis cirés de toutes sortes.	la var. car.	600	mèt. car.	1 31	30 0/0
Tricots à maille ou de filet.	la livre	5,000	kil.	28 88	30 0/0
Tricots de tapis	»	4,000	»	23 11	30 0/0
Velours unis ou façonnés.	»	6,000	»	34 66	30 0/0
— brodés	valeur		valeur		30 0/0

N. — *Les étoffes avec broderies d'or ou d'argent, celles qui sont ornées de galons, enjolivements ou franges de métal fin quelconque, à l'égard desquelles il n'y a aucune taxe spéciale ou fixe ou aucune disposition particulière du Tarif, sont soumises au double des droits établis pour les mêmes étoffes sans broderies ou ornements.*

Les droits sur les étoffes ou tissus ouvrés, brodés ou ornés, en cas d'expédition sur facture, ne peuvent jamais être inférieurs à ceux fixés pour les mêmes articles non ouvrés, sans broderies ou ornements.

(Décret d'exécution du 3 novembre 1860.)

TARIF D'IMPORTATION AU BRÉSIL (*suite*).

DÉNOMINATION DES SOIES ET SOIERIES	Unités brésiliennes		Unités françaises		TANT pour 0/0
	Bases	Quotité	Bases	Quotité	
Articles confectionnés		reis.			
Bas simples.	la livre	8,000	kil.	46 21	30 0/0
Bérets et coiffes en tricot ou à maille.	»	5,000	»	28 88	30 0/0
Bonnets { de velours.	la pièce	1,400	la pièce	3 71	30 0/0
de toute autre sorte.	»	800	»	2 12	30 0/0
brodés de toutes sortes	valeur		valeur		30 0/0
Bourses ou filets de soie torse pour la tête, et les similaires, unis.	la livre	5,000	kil.	28 88	30 0/0
— avec grains ou verroterie.	»	2,500	»	14 44	30 0/0
Capotes, paletots, mantelets, visites, petites jaquettes, et tous autres ouvrages en tricot ou à maille pour femmes ou petites filles.	»	5,000	»	28 88	30 0/0
Casquettes et bonnets de soie ou satin, unis ou avec ornements.	la pièce	600	la pièce	1 59	30 0/0
— — — — brodés.	»	1,200	»	3 18	30 0/0
Casquettes et bonnets de velours, unis ou avec ornenements.	la pièce	1,200	la pièce	3 18	30 0/0
Casquettes et bonnets de velours brodés	»	2,400	»	6 36	30 0/0
Casquettes et bonnets turs (*turbans*).	»	1,500	»	3 97	30 0/0
Ceintures avec ou sans boucles ou plaques, unies et élastiques ou avec caoutchouc	la livre	2,000	kil.	11 55	30 0/0
Châles, mouchoirs et mantes en crêpe ou gaz.	»	8,000	»	46 21	30 0/0
— — — en damas, satin, taffetas, *tonquim*, serge et autres tissus similaires	»	6,000	»	34 66	30 0/0
Châles, mouchoirs et mantes en bourre de soie (foulards) imprimés et les similaires	»	4,000	»	23 11	30 0/0
Châles mouchoirs et mantes en velours ou peluche.	»	6,000	»	34 66	30 0/0
— — — en soie torse	»	5,000	»	28 88	30 0/0
— — — brodés de toute sorte.	valeur		valeur		30 0/0
Cordons, ganses, cordonnets.	la livre	5,000	kil.	28 88	30 0/0
Cravates à ressort	»	2,500	»	14 44	30 0/0
— non à ressort.	»	6,000	»	34 66	30 0/0
— brodées.	valeur		valeur		30 0/0
Dentelles et entre-deux simples.	la livre	10,000	kil.	57 76	20 0/0
— — avec verroterie.	»	5,000	»	28 88	20 0/0
— — en articles confectionnés.	valeur		valeur		20 0/0
Echarpes de soie torse ou non torse, simples.	la livre	5,000	kil.	28 88	30 0/0
— — — avec houppes en or ou argent.	»	7,200	»	41 59	20 0/0
Galons de toutes sortes	»	5,000	»	28 88	30 0/0
Gants en tissus, de toute sorte, unis ou brodés	»	8,000	»	21 20	30 0/0
Gilets de soie ou satin.	la pièce	1,500	la pièce	3 97	40 0/0
— de velours.	»	2,400	»	6 36	40 0/0
— brodés, de toute sorte.	valeur		valeur		40 0/0
Grecques (*coiffures*), franges et broderies simples	la livre	5,000	kil.	28 88	30 0/0
— — — — avec verroterie.	»	2,500	»	14 44	30 0/0
Habillements (effets d') de toute espèce. pour enfants et autres non dénommés	valeur		valeur		40 0/0

TARIF D'IMPORTATION AU BRÉSIL (*suite*).

DÉNOMINATION DES SOIES ET SOIERIES	DROITS PERÇUS				TANT pour 100
	Unités brésiliennes		Unités françaises		
	Bases	Quotité	Bases	Quotité	
Habits et redingotes de velours.	la pièce	20,000	la pièce	53 »	40 0/0
Mantelets, basquines, visites, capuchons et vêtements analogues en tissus de toute sorte.	valeur		valeur		30 0/0
Rideaux de lit, couvertures, moustiquaires et objets similaires, sous toute dénomination ou forme. . .	valeur		valeur		30 0/0
Robes de chambre en soie unie.	la pièce	6,000	la pièce	15 90	40 0/0
— — ouatées.	»	10,000	»	26 50	40 0/0
— — en velours	valeur		valeur		40 0/0
Rubans de toute sorte.	la livre	6,000	kil.	34 66	30 0/0
N. — *Dans l'établissement du poids net on comprend celui des cartons sur lesquels sont roulés les rubans, à l'exception des rouleaux de bois.*					
Tresses et passements.	»	5,000	kil.	28 88	30 0/0
Voiles unis et façonnés	»	8,000	»	46 21	30 0/0
— brodés	valeur		valeur		30 0/0

NOTA GÉNÉRAL. — Les tissus, effets et autres articles en
soie mélangés de toute autre matière paient, si la soie
domine, comme soie pure; ceux qui sont mélangés d'autres matières par parties égales paient les droits établis
pour les articles en soie, avec bonification de 50 p. 0/0.

Les tissus et autres ouvrages en soie avec fleurs, bor-
dures, garnitures, ou bandes de velours ou d'émaillure et
de velours et émaillons, paient un droit additionnel de 30
p. 0/0 sur le montant des droits.

Ces dispositions ne sont pas applicables aux tissus façonnés ou brodés avec or ou argent vrai, demi-fin ou faux,
pour les habits sacerdotaux et les ornements d'église ; ces
derniers, s'ils sont mélangés de coton par partie égale ou si
le coton domine, jouissent d'une bonification de 50 p. 0/0
sur le montant des droits.

Les tissus pour habits sacerdotaux ou les ornements
d'église, sans ouvrages ou broderies en or ou en argent
vrai, demi-fin ou fin, payent les droits établis pour les
autres tissus, selon leur qualité.

On entend par nuancés les tissus et autres ouvrages
qui ont des raies, fleurs, bouquets et autres ornements de
couleur imitant le brodé, et les similaires.

Les articles confectionnés de tissus façonnés ou brodés
en or ou en argent vrai, demi-fin ou faux non dénommés,
payent les droits des tissus respectifs, avec augmentation de 50 p. 0/0.

Tarifs d'exportation, de réexportation et de transit du Brésil.

Les droits d'exportation sur les soies et soieries sont perçus à raison de 5 °/₀, sur la valeur officiellement établie par une Mercuriale hebdomadaire.

La réexportation des soies et soieries étrangères importées dans le Brésil est soumise à un droit de 1 °/₀ de la valeur attribuée dans le Tarif ci-dessus.

Le transit s'effectue en franchise.

CHILI

(Ordonnance des Douanes du 31 octobre 1864.)

Nos relations commerciales avec le Chili sont encore régies par le traité que la France a conclu avec cette nation le 15 septembre 1846, et dont le texte a été inséré dans les *Annales du Commerce extérieur*. (France, L. C., n° 112.)

La dernière ordonnance de douane de la république chilienne portant la date du 31 octobre 1864, a été traduite également dans les *Annales* (Chili, L. C. n° 15) qui contiennent en outre la substance ou le texte de plusieurs dispositions nouvelles en vigueur au 31 décembre de la même année.

Tarif d'importation du Chili en France.

Régime du Tarif général. (*Voy.* pages 9 à 11.)

Tarif d'importation de France au Chili.

Les droits perçus sont de 15 °/₀ *ad valorem* pour tous les tissus de soie pure ou mélangés indistinctement. Les valeurs sur lesquelles est basée la perception des droits sont établies annuellement par une commission nommée *ad hoc* par le gouvernement chilien.

L'application du système métrique décimal est, depuis 1863, obligatoire pour l'Administration des douanes du Chili. L'unité monétaire est la *piastre* de la valeur de 5 fr. et subdivisée en 100 *centavos*.

Tarif d'exportation du Chili.

Les soies et soieries sont exemptes de tous droits de sortie.

CHINE

(*Traité de Tien-Tsin du 27 juin* 1858).

Les relations commerciales de la France avec la Chine reposent sur le traité conclu à Tien-Tsin, le 27 juin 1858, complété par une convention additionnelle, signée le 25 octobre 1860, jour de l'échange des ratifications. Cet acte, suivi de onze règlements commerciaux, a eu pour résultat de substituer, dans une certaine mesure, à l'antique système de protection et de monopole suivi par le gouvernement chinois, un système basé sur les principes de la liberté commerciale et du progrès, par un rapprochement plus intime entre les Européens et les populations de l'extrême Orient.

Ainsi, l'art. 7 a stipulé la liberté du trafic et des voyages dans l'intérieur de la Chine. Les priviléges dont jouissaient les seuls ports de Canton, Shanghaï, Ning-Po, Amoyet et Fou-Tchéou, ont été étendus à ceux de King-Tchau, Chaou-Chaou, dans la province de Kouang-Ton, de Taïwan et Taashwi, dans l'île de Formose, de Tang-Tchau, dans la province de Chang-Tong, de Nankin, dans la province de Kian-Nan et de Tien-Tsin.

Toutes les barrières et taxes intérieures devaient, de plus, être supprimées (art. 23), mais cette stipulation a été éludée par les autorités qui, sous les diverses dénominations de droits de mandarin, droits des pauvres, etc., perçoivent de nombreuses taxes illégales. Ces impôts irréguliers et d'ailleurs très-variables s'élèvent, pour les soies notamment, dans leur trajet des pays de production à Shanghaï, de 20 à 30 taëls par picul.

Le traité de Tien-Tsin doit, en vertu de l'art. 40, être révisé douze ans après l'échange des ratifications, c'est-à-dire en 1872. Le texte en a été inséré, ainsi que celui de tous les actes qui s'y rapportent, dans les *Annales du commerce extérieur* (France, L. C., n° 199).

Tarif d'importation de Chine en France.

Régime du Tarif général (Voy. pages 9 à 11).

Tarif d'importation de France en Chine.

Le premier règlement annexé au traité dispose que les articles non énumérés dans le tableau d'importation et qui se trouvent énoncés sur celui d'exportation paieront, lorsqu'ils seront importés, les mêmes droits qui leur sont imposés par le tarif d'exportation. Ce cas se présente pour les soies et soieries; nous renvoyons, en conséquence, au tarif d'exportation ci-après :

Tarif d'exportation de Chine.

Le tableau ci-après a été extrait du tarif annexé au traité. En vertu d'un règlement additionnel du 24 novembre 1858, qui a abrogé l'art. 27 du traité de Tien-Tsin, ledit Tarif pourra être révisé de dix années en dix années, afin d'être mis en harmonie avec les changements de valeur apportés par le temps sur les produits. Une révision pourra donc en être réclamée en 1870.

Les droits d'exportation de Chine ne sont d'ailleurs pas acquittés par les acheteurs français, mais bien par les marchands chinois qui les comprennent dans le prix de vente de leurs produits.

Les poids et monnaies inscrits au Tarif chinois sont :

> Le *picul* (100 cattis). . = 60 kilog. 453 gr. (4ᵉ règlement).
> Le *taël* (10 maces) . . = 7 fr. 50 c.
> Le *mace* (10 condarins). = 0 fr. 75 c.
> Le *condarin* (10 caches). = 0 fr. 07 c. 1/2.

Les évaluations ci-dessus sont des évaluations moyennes très-variables, d'ailleurs. La valeur du taël a notablement diminué dans ces dernières années; Il valait autrefois 8 fr. 30, et en le portant aujourd'hui à 7 fr. 50, nous sommes plutôt au-dessus qu'au-dessous du cours.

TARIF D'EXPORTATION DE CHINE.

DÉNOMINATION DES FILS ET TISSUS	DROITS PERÇUS			
	Unités chinoises		Unités françaises	
	Bases	Quotité	Bases	Quotité
		Taëls | Maces		Fr. | C.
Soies				
Soie grége et ouvrée	100 cattis	10 | »	kil.	1 | 24
Soie jaune de Szé-chuen.	»	7 | »	»	» | 87
Soie de Douppions.	»	5 | »	»	» | 62
Soie grége sauvage.	»	2 | 5	»	» | 30
Déchets de soie.	»	1 | »	»	» | 12
Cocons de soie.	»	3 | »	»	» | 37
Soie à coudre de Canton	»	4 | 3	»	» | 53
Soie à coudre d'autres provinces.	»	10 | »	»	1 | 24
Fil de soie	»	10 | »	»	1 | 24
Tissus				
Rubans de soie.	100 cattis	10 | »	kil.	1 | 24
Foulards, châles, écharpes, crépe, satin, gaze, velours et broderies.	»	12 | »	»	1 | 50
Satin du Szé-chuen et du Chang-Tong.	»	4 | 5	»	0 | 56
Liens de soie	»	10 | »	»	1 | 24
Bonnet de soie.	le cent	» | 9	le cent	0 | 11
Mélange de soie et coton	100 cattis	5 | 5	kil.	0 | 68

Droits de transit.

En outre des taxes intérieures illégales dont nous avons parlé plus haut, les marchandises doivent, en vertu du traité, payer dans les ports ouverts un droit de transit de 2 1/2 p. °/₀.

CONFÉDÉRATION ARGENTINE

(Acte du 3 septembre 1867).

Les modifications apportées, dans ces dernières années, au régime douanier de la Confédération Argentine indiquent généralement une tendance libérale. Le dernier acte, rendu en matière de douane, qui a été inséré dans les *Annales du commerce extérieur* (La Plata, L. C., n° 21), portant la date du 28 septembre 1868, cessera d'être en vigueur le 31 décembre 1869, la législation de la République Argentine étant soumise à une révision annuelle.

Il impose à l'importation par mer, un droit de 10 p. °/₀, *ad valorem*, perçu depuis 1867, sur les soieries, qu'une loi du 30 septembre 1866 ont exemptées de tous droits additionnels. La perception est acquittée au moyen de billets souscrits sur papier timbré à quatre mois de terme.

Les soies et soieries sont exemptes de tous droits à l'exportation.

Le poids le plus usité dans la Confédération Argentine est l'*arrobe*, de 11 kil. 500 gr. La *piastre*, qui forme la monnaie courante à Buénos-Ayres, est de 5 fr. 12 cent. Toutes les monnaies étrangères ont, d'ailleurs, cours légal.

DANEMARK

(Loi du 4 juillet 1863).

Le 4 juillet 1863, le gouvernement danois a promulgué une loi de douane et de navigation qui est en vigueur depuis le 1ᵉʳ avril 1864. Le texte de cet acte, qui a introduit dans la législation antérieure du Danemark d'importantes modifications, parmi lesquelles il faut citer la suppression complète des droits de sortie, a été traduit dans les *Annales du commerce extérieur* (Danemark, L. C., n° 8).

Tarif d'importation du Danemark en France.

Régime du Tarif général (Voy. pages 9 à 11).

Tarif d'importation de France en Danemark.

Le tarif ci-dessous, mis en vigueur par la loi du 4 juillet 1863, est encore actuellement applicable.

Les droits se paient en *rixdal* (*rigsdaler*), monnaie sur laquelle reposé tout le système monétaire danois, et représentant en moyenne, d'après le change, une valeur de 2 fr. 81 ; le *skilling* (1/96ᵉ de rixdale), vaut 0 fr. 02 cent. 925. La *livre* danoise, qui sert de base de perception, est de 500 grammes.

	DROITS PERÇUS			
DÉNOMINATION DES SOIES ET SOIERIES	Unités danoises		Unités françaises	
	Bases	Quotité	Bases	Quotité
Soies		rixd. skil.		fr. c.
Soie grége.	liv. n.	» 48	kil. n.	2 81
Soie moulinée ou non moulinée, y compris les cordons et cordonnets ronds ayant moins de 1/2 ligne (1 millimètre) d'épaisseur	»	» 72	»	4 21
Tissus				
Passementerie et boutonnerie	»	1 »	»	5 62
Autres tissus de soie pure.	»	2 »	»	11 23
Autres tissus dont la chaîne ou la trame, dont l'envers ou l'endroit est entièrement en soie.	»	1 32	»	7 49
Autres tissus non dénommés.		» 72	»	4 21

N. — Sont considérés comme soie les fils, en petit nombre, d'une autre matiére, quand ils ne font pas partie du dessin. Il en est de même pour les matiéres autres que la soie, contenues dans la bordure.

Tarif d'exportation et de transit du Danemark.

·La loi du 4 juillet 1863 avait déclaré exemptes de droits de sortie toutes les marchandises en général ; une autre loi intervenue le 11 mars 1866 a aboli les droits de transit perçus jusqu'alors sur les soies et soieries.

ANTILLES DANOISES

(Loi du 16 avril 1862).

Les possessions danoises aux Indes occidentales comprennent les trois îles de Saint-Thomas, Saint-Jean et Sainte-Croix. La loi du 30 juin 1850 modifiée le 16 avril 1862, fixe actuellement leur régime douanier. Les droits d'importation à Saint-Thomas sont de 1 1/4 p. °/₀ *ad valorem.*

ÉQUATEUR

(Loi du 28 novembre 1855).

L'acte principal qui constitue la législation douanière de la République de l'Équateur est la loi du 28 novembre 1855, traduite dans les *Annales du commerce extérieur* (Équateur, L. C., n° 2).

Il établit à l'importation un droit de 23 fr. 48 par kil. sur les tissus de soie purs ou mélangés. Il est fait sur le montant des droits d'entrée une réduction de 5 p. °/₀ lorsque les marchandises sont importées d'Europe et que le navire sur lequel elles ont été embarquées n'a fait relâche sur aucun point.

ESPAGNE

Le gouvernement espagnol a publié, le 27 novembre 1862, un Tarif général des douanes qui est entré en vigueur le 1er janvier suivant. Ce Tarif et diverses modifications qui y ont été apportées jusqu'à la fin de 1864 ont été traduits dans les *Annales du commerce extérieur* (Espagne, L. C., n° 18). La livraison suivante de la même publication renferme la traduction de l'Ordonnance générale des Douanes espagnoles, approuvée par ordonnance royale du 22 février 1854.

Plus récemment, une Convention de commerce intervenue le 18 juin 1865 entre la France et l'Espagne a aboli les surtaxes de douanes auparavant imposées à l'importation par terre. Quelques dégrèvements ont été stipulés, mais aucun d'eux n'a porté sur les soies et soieries (*Annales*, France, L. C., n° 23, et Espagne, L. C., n° 20).

Tarif d'importation d'Espagne en France.

Régime du Tarif général (Voy. pages 9 à 11).

Tarif d'importation de France en Espagne.

De nombreuses modifications ont été apportées dans ces dernières années au régime douanier espagnol, et actuellement une Commission nommée *ad hoc* s'occupe très-activement de la rédaction de nouveaux tarifs qui ne tarderont pas à être présentés à l'Assemblée constituante du pays. Il nous paraît donc inutile de rapporter ici un Tarif qui ne sera sans doute plus applicable au moment où ce travail paraîtra. Dès que le Gouvernement espagnol aura publié un nouveau Tarif, nous nous empresserons d'en extraire la partie afférente aux soies et soieries.

Depuis 1862, époque de l'adoption par l'Espagne du système métrique français des poids et mesures, l'unité de poids est le kilog. Les anciens poids qui sont cependant encore très-employés dans les affaires sont le *quintal,* de 46 kilogr., l'*arrobe,* de 11 kilogr. 1/2, et la *livre* de 460 gr. L'unité monétaire est le *real* de veillon, de 0 fr. 27, qui se subdivise en 100 centièmes.

ÉTATS-PONTIFICAUX

(Traité de commerce du 29 juillet 1867).

Le traité intervenu le 29 juillet 1867 entre la France et les Etats-Pontificaux, et entré en vigueur le 1er novembre suivant, a stipulé des dégrèvements importants sur les droits perçus à l'importation des soieries françaises. Le texte de ce traité, qui a été conclu pour dix années, a été inséré dans sa teneur officielle aux *Annales du commerce extérieur* (France, L. C., n° 247).

Tarif d'importation des États-Pontificaux en France.

Régime du Tarif conventionnel (Voy. pages 12-13).

Tarif d'importation de France dans les États-Pontificaux.

Les tissus de soie importés sous pavillon français ou sous pavillon des Etats romains, sont soumis aux taxes indiquées ci-après, tous droits additionnels compris, fixées dans le Tarif annexé au Traité (*Annales*, Etats Romains, L. C., n° 12). Les soies n'ayant pas été dénommées dans ce Tarif, sont restées soumises au Tarif général alors en vigueur, et dont le Gouvernement pontifical s'est engagé à ne pas élever les droits (*Annales*, États romains, L. C., n° 10.).

Les réductions des poids et monnaies pontificales en poids et monnaies françaises ont été effectuées sur les bases suivantes :

Le *scudo* . . . . . . = 5 fr. 35 cent.
Le *bajocco* . . . . . = 0 — 05 — 35
La *lira* . . . . . . = 1 — »» —
Le *cent* . , ... = 0 — 01 —
La *livre romaine* . . . = 0 kilog. 339 gr.

TARIF D'IMPORTATION DANS LES ÉTATS-PONTIFICAUX.

DÉNOMINATION DES SOIES ET SOIERIES	DROITS PERÇUS			
	Unités pontificales		Unités françaises	
	Bases	Quotité	Bases	Quotité
Soies		scud. baj.		fr. c.
Soie en cocons	100 lir. br.	1 »	kil. br.	0 16
Bourre de soie cardée et peignée	»	2 »	»	0 32
Bourre de soie filée ou torse, même teinte	100 l. n.	10 »	kil. n.	1 58
Déchets de soie	100 lir. br.	» 10	kil. br.	0 01 1/2
Fil de soie brut	»	10 »	»	1 58
Fil de soie ouvré en organsin	»	15 »	»	2 37
Fil de soie coloré, eu trame, ou en organsin, ou torse, pour coudre	100 lir. n.	20 »	kil. n.	3 16
Graines de vers à soie	lir. n.	0 10	»	1 58
Tissus		litre cent		
Unis ou ouvrés	100 lir. n.	150	kil. n.	4 43
Brodés	»	300	»	8 85
En passementerie	»	150	»	4 43
Cousus ou travaillés pour parapluies	»	150	»	4 43
Cirés ou préparés de toute autre manière	»	100	»	2 95
Mélangés d'or ou d'argent, unis ou brochés	»	150	»	4 43
Mélangés d'or ou d'argent, brodés	»	300	»	8 85
Mélangés de toute autre matière, même en passementerie	»	117	»	3 45
A mailles et gommés pour crinolines	»	117	»	3 45
En voiles, tulles, filoches unis	»	150	»	4 43
En voiles, tulles, filoches brodés, y compris les blondes	»	300	»	8 85
Dentelles à mailles	»	150	»	4 43
Tissus de filoselle ou bourre de soie purs ou mélangés, de toute autre matière que la soie, même en passementerie, et articles à mailles	»	117	»	3 45
Habillements			Droits de la matière.	

(Les lignes « Unis ou ouvrés » à « Dentelles à mailles » sont regroupées sous l'accolade : **Tissus de soie pure ou mélangée de bourre de soie ou de filoselle.**)

Tarif d'exportation des États-Pontificaux.

Par l'art. 3 du Traité du 29 juillet 1867, le Gouvernement pontifical a pris l'engagement de ne pas élever, pendant la durée dudit traité, les taxes d'exportation en vigueur à la date de sa conclusion. Nous avons donc tiré le tableau ci-après du Tarif général des États romains (*Annales*, États romains, L. C., n° 10).

TARIF D'EXPORTATION DES ÉTATS-PONTIFICAUX.

DÉNOMINATION DES SOIES ET SOIERIES	DROITS PERÇUS				
	Unités Romaines			Unités françaises	
	Bases	Quotité		Bases	Quotité
		scud.	baj.		
Soies					
Soie en cocons	100 liv. b.	5	»	kil. b.	» 79
Bourre de soie cardée, peignée, filée ou torse, même teinte	100 liv. n.	»	01	kil. n.	» 0016
Déchets de soie	100 liv. b.	2	50	kil. b.	» 39
Drilles de soie (provinces méditerranéennes)	—	»	70	—	» 11
Drilles de soie (provinces adriatiques avant leur annexion au Piémont)	—	»	40	—	» 06
Fil de soie brut	—	10	»	—	1 58
Fil de soie ouvré en organsin	—	»	01	—	» 0016
Fil de soie coloré en trame, ou en organsin, ou tors, pour coudre	100 liv. n.	»	01	kil. n.	» 0016
Œufs ou graines de vers à soie	liv. n.	»	50	»	7 89
Tissus					
Tissus de soie ou de bourres de soie purs ou mélangés, unis, façonnés, brodés, brochés de toutes sortes	100 liv. n.	»	1	kil.	» 0016

Tarif de transit.

Les marchandises de toute nature venant de France ou y allant sont affranchies de tous droits de transit dans les Etats romains.

ÉTATS-UNIS

(Actes des 3 juin 1864 et 8 mars 1865).

La législation douanière des États-Unis a été, dans ces dernières années, l'objet de nombreux remaniements qui n'ont presque toujours eu pour résultat que des augmentations successives dans les droits appliqués aux importations étrangères. La base du régime actuellement en vigueur est l'acte du 14 juillet 1862, modifié par plusieurs actes ultérieurs, dont les *Annales du commerce extérieur* (Etats-Unis, L. C., nᵒˢ 28 et 33), ont donné la traduction.

Tarif d'importation des États-Unis en France.

Régime du Tarif général (Voy. pages 9 à 11).

Tarif d'importation de France dans les États-Unis.

Nous avons extrait le Tarif ci-dessous des *Annales du commerce extérieur* (États-Unis, L. C., n° 32 et suivants). La première de ces livraisons a présenté, dans un travail d'ensemble, le régime complet applicable en 1864 à l'importation ; les suivantes ont indiqué les modifications apportées par divers actes du Congrès, et en particulier par celui du 3 mars 1865, qui a élevé de 10 p. % les droits perçus sur les soies filées.

Les droits doivent être payés en or, et la base de la perception est le *dollar* d'or, valant 5 fr. 37 cent., lequel se subdivise en 100 *cents*.

DÉNOMINATION DES SOIES ET SOIERIES	DROITS PERÇUS	
	Bases	Quotité
Soies		
Soie grége, telle qu'elle a été obtenue par le dévidage du cocon, formée d'un seul fil, non mouliné, et n'ayant subi aucune préparation	exempte	
Soie avec sa gomme, à l'état seulement de poil, trame et organsin. . .	valeur	35 %
Soie à coudre, avec sa gomme ou décreusée.	»	40 %
Soie filée en écheveaux ou bobines.	»	35 %
Bourre de soie et fleuret	»	35 %
Tissus		
Tissus de soie et de bourre de soie en robes ou en pièces. Rubans et velours de soie pure, ou velours dans lesquels entre la soie comme matière principale.	»	60 %
Tissus de soie et de bourre de soie pour gilets, pongées, crêpes, châles, écharpes, mantilles, pèlerines, foulards et fichus, voiles, dentelles, chemises, caleçons, chapeaux de femme et d'homme, bonnets, turbans, chemisettes, chaussettes, mitaines, tabliers, bas, gants, bretelles, chaînes de montre, tricots, tresses, franges, galons, glands, cordons, et passementeries de soie.	»	60 %
Tissus de soie et de bourre de soie, ou dans lesquels entrent la soie ou la bourre de soie comme matières principales, non dénommés	»	50 %
Effets d'habillements en soie ou dans lesquels la soie entre comme matière principale	»	60 %

Tarif d'exportation des Etats-Unis.

L'exportation des soies et soieries des Etats-Unis s'effectue en franchise.

* * *

ÉTATS-UNIS DE COLOMBIE.

(*Loi du 7 juillet* 1866.)

La législation douanière de la Colombie (ancienne Nouvelle-Grenade, puis Confédération Grenadine), porte la date du 7 juillet 1866. Elle a déclaré ports habilités pour toutes les opérations du commerce, tant à l'importation qu'à l'exportation, Carthagène, Sabanilla, Sainte-Marthe et Rio-Hacha, sur l'Atlantique, ainsi que Buenaventura et Tumaco sur le Pacifique. Les ports de l'isthme de Panama ont conservé leur franchise. (CH. VOGEL. — *Du Commerce de la France et de l'Angleterre*, t. II, p. 106.)

La France est liée avec les États-Unis de Colombie par un traité conclu le 15 mai 1856, pour une période de dix années, avec clause de tacite reconduction de cinq années en cinq années. Le texte en a été inséré dans les *Annales du commerce extérieur* (France, L. C., n° 168).

Tarif d'importation de la Colombie en France.

Régime du Tarif général (Voy. pages 9 à 11).

Tarif d'importation de France en Colombie.

La législation du 7 juillet 1866 a établi un droit de 30 centavos. soit 1 fr. 50 par kilog. brut, à l'importation des soies et soieries.

Le *centavos* est le centième de la *piastre*, qui vaut 5 fr. Le système métrique décimal a été adopté en 1853 par la Colombie.

Tarif d'exportation de la Colombie.

Il n'est perçu de droits de sortie sur aucun produit national.

GRÈCE

(Tarif du 13-25 février 1867).

Le régime actuel des douanes helléniques est fixé par la loi-tarif du 13-25 février 1867, qui a abrogé celle rendue en juin 1857, dont la traduction a été donnée dans les *Annales du commerce extérieur* (Grèce, L. C,, n° 4.)

Tarif d'importation de Grèce en France.

Régime du tarif général (Voy, pages 9 à 11).

Tarif d'importation de France en Grèce.

Nous avons extrait le tarif ci-après, mis en vigueur par la loi du 13-25 février 1867, d'un tarif officiel publié à Athènes dans le courant de la même année.

Les poids et monnaies usités en Grèce sont les suivants :

$$\begin{aligned}
&\textit{Drachme}. \ldots \ldots \ldots \ldots = 0 \text{ fr. } 90 \\
&\textit{Leptom} \left(\tfrac{1}{100} \text{ de drachme} \right). \ldots = 0 \text{ fr. } 009 \\
&\textit{Drachme}. \ldots \ldots \ldots = 0 \text{ kil. } 032 \text{ gr.} \\
&\textit{Ocque} \ (400 \text{ drachmes}). \ldots = 1 \text{ kil. } 280 \\
&\textit{Cantar} \ (44 \text{ ocques}). \ldots \ldots = 56 \text{ kil. } 320
\end{aligned}$$

DÉNOMINATION DES SOIES ET SOIERIES	DROITS PERÇUS			
	Unités grecques		Unités françaises	
	Bases	Quotité	Bases	Quotité
Soies		dr. lept.		fr. c.
Graines de vers à soie.		exemptes.		
Cocons en général.	l'ocque.	0 05	kil.	0 003
Soies écrues non ouvrées.	»	6 »	»	4 22
Soies blanches ou teintes, en général, ainsi que la soie retorse	»	12 »	»	8 44
Fils de soie teints ou non, ou retords, chenille. . . .	»	20 »	»	14 06

TARIF D'IMPORTATION EN GRÈCE (*suite*).

DÉNOMINATION DES SOIES ET SOIERIES	DROITS PERÇUS			
	Unités grecques		Unités françaises	
	Bases	Quotité	Bases	Quotité
Tissus		dr. lept.	kil.	fr. c.
Bas de soie.	l'ocque	16 »	»	11 25
Cravates confectionnées en soie, en soie et laine, en soie et coton.	»	15 »	»	10 55
Etamines à bluteau de soie.	»	12 »	»	8 44
Gants de soie.	la drachme	0 06	»	16 90
Lacets et cordons en soie ou mi-soie, en général, avec franges ou boutons pour des habits grecs d'homme ou de femme.	l'ocque	8 »	»	5 63
Rubans en soie de toute espèce, veloutés.	»	16 »	»	11 25
Rubans de soie mélangée de coton, de lin ou de laine, en général.	»	5 »	»	3 52
Tissus de soie { Tissus de soie écrue.	»	8 »	»	5 63
Velours, peluches et voiles.	»	24 »	»	16 88
Etoffes noires de soie.	»	16 »	»	11 25
Tous les autres tissus de soie . . .	»	20 »	»	14 06
Tissus de soie mélangée de lin, de laine ou de coton. .	»	5 »	»	3 52
Tissus de soie mélangée de laine, de coton et de lin. .	»	3 50	»	2 46
Nota. — Dans la catégorie des tissus mélangés sont comprises les étoffes qui ont la chaîne ou la trame entièrement faite d'une matière, autrement ils sont regardés comme étant de soie.				
Bonnets de dames en tulle, mousseline, cambric, filets en soie simple ou en rassade, filets en chenille, en fils vernis, simples ou mélangés de laine, sans garniture.	la pièce	» 20	la pièce	0 18
Bonnets de dames en blondes, dentelles, coiffures de toute façon.	ad valorem	15 °/₀	ad. val.	15 °/₀
Bonnets d'hommes en soie ou mélangés de crin et d'or, en soie et or, et simples en velours.	l'ocque	24 »	kil.	16 88
Ceintures en soie pure ou mélangée, tissues ou tricotées	»	9 »	»	6 33
Châles, châles carrés, mouchoirs grands ou petits, en soie ou en velours.	»	24 »	»	16 88
Châles en blondes de soie, de lin et de laine, ainsi que les châles des Indes et de Perse, écharpes, châles, châles carrés en broderie riche.	ad valorem	15 °/₀	ad val.	15 °/₀
Chemisettes colerettes avec dentelles de soie et de lin.	la pièce	1 80	la pièce	1 62
Crêpes de toute couleur.	l'ocque	» 10	kil.	0 07
Dentelles, blondes et bordures de soie, de lin pur ou mélangé de coton (imitation) de chenille, de laine mélangée de soie, et voiles de soie.	la drachme	» 30	id.	84 30
Mouchoirs de main en lin fin (batiste), en soie ou mélangés d'autre matière.	l'ocque	9 »	id.	6 33
Mouchoirs de main en soie pour cravates.	»	16 »	id.	11 25
Passementerie : franges, galons, tresses de soie en velours (en soie pure ou mélangée), en soie avec appliques en or, ainsi que les bordures en soie pure ou mélangés de laine et en velours.	»	20 »	id.	14 06

TARIF D'IMPORTATION EN GRÈCE (*suite*).

| DÉNOMINATION DES SOIES ET SOIERIES | DROITS PERÇUS | | | |
| | Unités grecques | | Unités françaises | |
	Bases	Quotité	Bases	Quotité
Tissus (*suite*).		der. lept.		fr. c.
Passementerie en soie mélangée de laine, de coton ou de lin.	l'ocque	10 »	kil.	7 03
Passementerie en laine, en crin, en coton pur ou mélangé de laine, ainsi que les passementeries en laine, soie et coton, avec ou sans rassades.	l'ocque	4 »	id.	2 81
Tulle de soie pure ou mélangé de coton simple ou brodé.	»	35 »	id.	24 61
Vêtements confectionnés pour hommes, en drap, casimir, draps de dame, castor, feutre, asmani, saye scutis, etc., en lin, soie, velours, laine, coton ou mélangés, paient le droit d'entrée imposé à la matière prédominante dont ils sont confectionnés, et de plus la surtaxe d'un quart de ce droit.				
Vêtements confectionnés pour femmes, *idem*, y compris les jupes, sans distinction de la matière dont ils sont confectionnés.				
Nota. — *Les vêtements pour dames, y compris les jupes garnies de blondes ou dentelles, ainsi que ceux en étoffe brocart ou brodés en or.*	ad valorem	15 °/₀	ad val.	15 °/c
Brocarts de toute provenance brochés en or ou en argent	l'ocque	» 40	kil.	0 28

NOTE GÉNÉRALE POUR LES TISSUS. — Dans la catégorie des tissus de soie et de laine mélangés sont comprises les étoffes qui ont la chaîne ou la trame entièrement faite d'une autre matière, autrement ils sont regardés comme étant de soie ou de laine.

Tarif d'exportation de Grèce.

Les soies et soieries ne sont soumises à aucun droit d'exportation ; seulement, les cocons de toutes sortes, doivent, en vertu d'une loi du 11 avril 1867, payer à la sortie une dîme de 1 drachme 70 lepta l'ocque, soit 1 fr. 05 par kil.

INDES-OCCIDENTALES ESPAGNOLES

(CUBA).

(*Tarif du* 12 *mars* 1867. — *Décret du* 22 *février* 1869.)

Le Tarif actuellement en vigueur dans l'Ile du Cuba, et qui est applicable depuis le 1er juillet 1867, porte la date du 12 mars précédent. Les *Annales du commerce extérieur* (Indes-Occidentales espagnoles, L. C., n° 7) ont donné la traduction de ce Tarif et de divers actes qui ont modifié en 1868 et 1869 la législation douanière des Antilles espagnoles.

Tarif d'importation de l'Ile de Cuba en France.

Régime du Tarif général (Voy. pages 9 à 11).

Tarif d'exportation de l'Ile de Cuba.

Un décret du 12 février a supprimé tous droits d'exportation.

Tarif d'importation de France dans l'Ile de Cuba.

Le tableau ci-contre a été extrait du Tarif du 12 mars 1865 ; mais un décret du 22 février 1869 a frappé d'une surtaxe de 5 °/₀, perçue depuis le 1er mars suivant, tous les droits d'importation fixés par ledit Tarif.

Les poids, monnaies et mesures sont absolument les mêmes qu'en Espagne. L'*écu*, qui sert de base à la perception, vaut 2 fr. 70.

NOTES DU TABLEAU CI-CONTRE

NOTE 1. — Si le broché est en soie et qu'on applique les droits afférents aux étoffes brochées, il n'est pas tenu compte de la soie employée au brochage pour appliquer au tissu le régime des tissus mélangés, attendu que la règle spéciale aux tissus mélangés se rapporte uniquement au fond ou corps des tissus ou des étoffes.

NOTE 2. — Les Tissus des quatre catégories précédentes (tulles, dentelles, tricots et fichus), et brodés à la main avec mélange d'argent ou d'or fin ou faux, ainsi que ceux cousus à la main ou à la mécanique, excepté les sacs, paient 50 p. °/₀ en sus des droits fixés à l'article qui leur est afférent, à la seule exception de ceux déjà dénommés à un autre article dans les mêmes conditions.

NOTE 3. — Les tissus composés exclusivement de laine et de soie, dont la chaîne ou la trame est composée de l'une de ces deux matières, paient 50 p. °/₀ comme tissu de laine et 50 p. °/₀ comme tissu de soie.

Si le mélange n'existe qu'en une seule partie de la trame ou de la chaîne, le tissu est taxé comme n'étant pas mélangé et paie à raison de la matière dominante, c'est-à-dire celle qui forme la chaîne et une partie de la trame, ou bien celle qui constitue la trame et une partie de la chaîne,

La même règle, et dans les mêmes proportions, s'applique aux mélanges de coton et soie, de laine et coton, de soie et lin, chanvre ou abaca, et à ceux de ces dernières matières avec la laine.

Si le mélange est formé de trois matières et plus, il est fait abstraction de celles qui acquittent des droits moins élevés et on applique les règles ci-dessus, en considérant le tissu comme composé des deux matières passibles des droits les plus élevés.

Les tissus dont la trame et la chaîne sont en coton, avec mélange de soie ou de laine, ou de ces deux matières, et auxquels ne peuvent être appliquées les règles sur les tissus mélangés, ainsi que les tissus où le coton est apparent, paient par kilogramme 1, 2, 2 1/2 et 3 écus (2 fr. 70 c., 5 fr. 40 c., 6 fr. 75 c. et 8 fr. 10 c.)

DÉNOMINATION DES SOIES ET SOIERIES	Bases	DROITS PERÇUS							
		Unités espagnoles				Unités françaises			
		PRODUITS				PRODUITS			
		ESPAGNOLS sous pavillon		ÉTRANGERS sous pavillon		ESPAGNOLS sous pavillon		ÉTRANGERS sous pavillon	
		espagnol	étranger	espagnol	étranger	espagnol	étranger	espagnol	étranger
		écus mill.	écus mill.	écus mill.	écus mill.	fr. c.	fr. c.	fr. c.	fr. c.
Soies									
Soies de toutes sortes.	valeur	8 0/0	15 0/0	25 0/0	35 0/0	8 0/0	15 0/0	25 0/0	35 0/0
Tissus									
Tissus de soie unis, croisés ou sergés, clairs ou serrés, blancs ou de couleur, en pièces, coupons, fichus non dénommés ; Tissus en chenille, même si cette chenille est en bourre de soie.	le kil.	2 750	5 000	6 000	8 000	7 42	13 50	16 20	21 60
Tissus de soie brochés ou brodés au métier, même avec chenilles, franges et autres applications (*Voir la note 1 à la page précédente*).	id.	3 500	6 000	7 000	9 000	9 45	16 20	18 90	24 30
Tissus de bourre de soie ou filoselle, unis, croisés ou sergés, blancs ou de couleur, clairs ou serrés, en pièces, coupons, fichus non dénommés ou sous toute autre forme	id.	1 350	2 000	2 900	4 000	3 64	5 40	7 83	10 80
Tissus de bourre de soie ou filoselle, brodés ou brochés au métier, même avec chenilles, franges de soie ou autres applications.	id.	2 250	4 000	4 500	6 000	6 07	10 80	12 15	16 20
Velours et Peluches, unis ou façonnés, même mélangés de coton, pourvu qu'il ne soit pas visible à l'endroit.	id.	2 340	5 000	7 800	10 000	6 32	13 50	21 06	27 »
Velours et Peluches moirés et brochés, dans les mêmes conditions que ceux de l'article précédent	id.	3 000	6 000	9 000	11 000	8 10	16 20	24 30	29 70
Tulles unis ou façonnés de toutes couleurs et dimensions, même lorsqu'ils sont façonnés à la main	id.	1 620	4 000	5 400	10 000	4 37	10 80	14 58	27 »
Dentelles et Blondes, même ouvrées et brodées à la main.	id.	2 000	4 600	6 000	14 000	5 40	12 42	16 20	37 80
Tricots de soie et de bourre de soie purs ou mélangés d'autres matières filées avec la soie ou la bourre de soie et non visibles à l'endroit, même lorsqu'il y a un travail fait à la main.	id.	1 000	4 600	6 000	10 000	4 86	12 42	16 20	27 »
Fichus de soie écrue dits de l'Inde, ou de soie mélangée de bourre de soie. (*Voir la note 2 à la page précédente.*)	id.	1 000	2 000	3 000	4 000	2 70	5 40	8 10	10 80
Tissus mélangés (*Voir la note 3 à la page précédente.*)									

INDES-ORIENTALES ANGLAISES

(*Tarif du 6 mars* 1867.)

Le régime douanier de l'Inde anglaise fait l'objet de remaniements fréquents. Le dernier Tarif, dont les *Annales du commerce extérieur* ont donné la traduction, est du 6 mars 1867 (Indes-Orientales anglaises, L. C. n° 14).

Tarif d'importation des Indes-Orientales anglaises en France.

Régime du Tarif général (Voy. pages 9 à 11).

Tarif d'importation de France dans les Indes-Orientales anglaises.

Le tableau ci-dessous a été extrait du Tarif annexé à « l'Acte des droits de douane de l'Inde pour 1867 ».

Les poids et monnaies sur lesquels est basée la perception des droits sont la *roupie*, de 2 fr. 50 cent., l'*anna*, de 16 cent./6, et le *maund*, de 37 kilog. 320 gr.

DÉNOMINATION DES SOIES ET SOIERIES	DROITS PERÇUS	
	Bases	Quotité
Soies		
Soies gréges, soies à coudre et autres	valeur	7 1/2 %
Bourre de soie	»	7 1/2 %
Tissus		
Tissus à la pièce (*Pièce goods*)	»	5 %
N. — *Les articles généralement compris sous cette dénomination sont le brocart, le camelot, le crêpe, le damas, la gaze, les foulards, la lustrine, la marceline, le satin, le gros de Naples, le velours, etc.*		

Tarif d'exportation des Indes-Orientales anglaises.

Les soies et soieries de toutes sortes sont exemptes de tout droit d'exportation.

INDES-ORIENTALES NÉERLANDAISES

(Loi-Tarif du 3 juillet 1865).

En juillet 1865, le Gouvernement néerlandais a promulgué une loi exécutoire à partir de l'année suivante, qui a remanié dans un sens libéral la législation douanière de ses possessions dans l'archipel indien. Cette réforme qui a constitué un progrès notable sur le système antérieurement en vigueur a été réalisée à l'occasion du traité intervenu le 7 juillet 1865, entre la France et les Pays-Bas. Le texte en a été traduit dans les *Annales du commerce extérieur* (Indes-Orientales néerlandaises, L. C., n° 4).

Tarif d'importation des Indes-Orientales néerlandaises en France.

Régime du Tarif général (Voy. pages 9 à 11).

Tarif d'importation de France dans les Indes-Orientales Néerlandaises.

Le Tarif annexé à la loi du 3 juillet 1865, et qui restera en vigueur jusqu'au 1er janvier 1872, a stipulé à l'importation des soies, tissus, rubans, et autres articles de soie pure un droit de 6 °/₀ *ad valorem* (tous droits additionnels compris); les tissus mélangés sont traités comme tissus de coton à 16 p. °/₀ *ad valorem* [1].

La monnaie légale est le *florin* de Hollande, de 12 fr. 12 cent. subdivisé en 100 centièmes.

Tarifs d'exportation et de transit des Indes-Orientales Néerlandaises.

Il n'est perçu aucun droit d'exportation et de transit sur les soies et soieries.

[1] Il n'est perçu aucun droit d'entrée dans les résidences de Riouw, Menado et Timor, et dans les gouvernements des Moluques, des Célèbes et de ses dépendances.

ITALIE

(Traité de commerce du 17 janvier 1863).

Le Tarif des douanes italiennes, applicable en principe à toutes les provinces du Royaume d'Italie a pour base le Tarif décrété dans les Etats Sardes le 9 juillet 1859, dont les dispositions ont été traduites dans les *Annales du commerce extérieur* (Italie, L. C., n° 4).

Nos relations d'échanges avec ce pays sont actuellement régies par le Traité conclu à Paris le 17 janvier 1863, et entré en vigueur le 1ᵉʳ février 1864, pour une période de 12 années. Le texte de cet acte, ainsi que des Tarifs et pièces qui s'y rapportent, a été publié dans les *Annales* (France, L..C., n° 223).

Tarif d'importation d'Italie en France.

Régime du Tarif conventionnel (Voy. pages 12-13).

Tarifs d'exportation et de transit.

Il n'est perçu en Italie aucun droit d'exportation ou de transit sur les soies et soieries venant de France ou y allant.

Tarif d'importation de France en Italie.

Le tableau ci-après a été extrait du Tarif annexé au Traité, qui fixe les droits actuellement applicables (tous droits additionnels compris) aux soies et soieries françaises importées en Italie, directement par terre, ou par mer, sous pavillon français ou italien.

Le système métrique français des poids et mesures est légalement en usage en Italie.

TARIF D'IMPORTATION EN ITALIE.

DÉNOMINATION DES SOIES ET SOIERIES	DROITS PERÇUS	
	Bases	Quotité
Soies		fr. c.
Soie en cocons, grége ou moulinée	exempte	
Bourre de soie et déchets de soie, en masse ou filée	exempte	
Soie et bourre de soie teintes.	exempte	
Œufs de vers à soie.	exempts	
Tissus		
Tissus de soie pure	kil.	3 »
Tissus de bourre de soie ou de bourre et de soie.	»	3 »
N. — Les Tissus mélangés paient le droit de la matière dominante en poids; toutefois lorsqu'ils contiennent plus de 12 °/₀ et jusqu'à 50 °/₀ de soie ou de bourre de soie, ils sont soumis à un droit de 3 fr. par kilogr.		
Rubans de soie ou de bourre de soie, de velours	»	5 »
Rubans de soie ou de bourre de soie autres que de velours	»	8 »
Rubans de soie ou de bourre de soie mélangés.	ad valorem	10 °/₀
Foulards écrus, imprimés ou teints	le kil.	3 »
Passementerie, bonneterie, couverture et tapis	comme les tissus	
Tulles et dentelles.	ad valorem	5 °/₀
Tissus, passementerie et dentelles avec or ou argent fin.	kil.	11 55
Tissus, passementerie et dentelles avec or ou argent faux.	»	3 50
Vêtements ou tout autre article non dénommé	Même régime que l'étoffe principale dont ils sont formés.	

JAPON

(Traité de commerce du 9 octobre 1858. — Convention du 25 juin 1866.)

Le traité, suivi de sept règlements commerciaux, signé à Yeddo le 9 octobre 1858, a posé les bases de nos relations avec le Japon. Ce traité, qui a ouvert au commerce français les villes et ports de Hacodadi, Kanagawa (Yokohama), Nangasaki, Néé-Gata, Hiògo, Yeddo et Osaca (art. 3), et dans lequel la faculté d'une révision quinquennale des droits de douane a été réservée, est valable jusqu'au 15 août 1872. A cette époque, ou après cette époque, chacune des deux parties contractantes aura le droit, en prévenant l'autre une année d'avance, d'en exiger révision.

Le 20 juin 1864 intervint une convention pour régler par arrangement spécial diverses difficultés qui s'étaient élevées ; enfin une nouvelle convention, portant la date du 25 juin 1866, et révisée cette année, substitua aux tarifs arrêtés en 1858, sur la base générale d'un droit fixe de 5°/₀, un noùveau tarif basé, pour certaines marchandises et notamment pour les soies et les cocons, sur la taxation spécifique. Le texte de ces différents actes a été inséré dans les *Annales du commerce extérieur* (France, L. C, n°ˢ 189, 224 et 241).

Tarif d'importation du Japon en France.

Régime du tarif général (*Voy.* pages 9 à 11.)

Tarif d'importation de France au Japon.

La convention du 25 juin 1866 a maintenu le droit de 5 °/₀ *ad valorem* perçu à l'importation des TISSUS DE SOIE DE TOUTES SORTES, velours brocarts, damas soie et coton, soie et laine, etc.

Tarif d'exportation du Japon.

Le tarif mis en vigueur par la convention du 25 juin 1866 vient d'être révisé par une nouvelle convention, intervenue le 1ᵉʳ juin 1869 entre le Japon d'un côté, la France, la Grande-Bretagne, les Etats-Unis et la Hollande de l'autre.

Cette révision exigée par le Gouvernement Japonais en vertu de la faculté que lui conférait l'art. 2 de la convention de 1866, a fixé conformément au tarif ci-après les droits perçus à l'exportation du Japon. Ce tarif qui entrera en vigueur le 1ᵉʳ janvier 1870, continue d'ailleurs à faire partie intégrante du traité de 1858 et reste sujet à révision à la date du 1ᵉʳ juillet 1872.

En conséquence des traités, toute monnaie étrangère a cours légal au Japon et passe pour la valeur de son poids, comparé à celui de la monnaie japonaise analogue. Le *catty*, qui sert de base de perception dans le tarif japonais, est de 604 grammes 53 centièmes. Le Taël ($\frac{1}{16}$ de catty) vaut 38 grammes. Le *bou* ou *itchibou* est une monnaie d'argent ne pesant pas moins de 8 grammes 67 centièmes, et ne contenant pas moins de 9 parties d'argent pur sur une partie d'alliage ; sa valeur, qui a subi de grandes variations dans ces dernières années, peut être évaluée, en moyenne, à 2 fr. Le *cent* est la 100ᵉ partie du bou ou itchibou.

TARIF D'EXPORTATION DU JAPON.

DÉNOMINATION DES SOIES ET SOIERIES	DROITS PERÇUS (1) (A partir du 1er janvier 1870.)			
	Unités japonaises		Unités françaises	
	Bases	Quotité	Bases	Quotité
Soies		itchibou cent		fr. c.
Graines de vers à soie.	sheet.	7 1/2	carton	0,15
Soies gréges et ouvrées	100 catties	90 »	kil.	2,97
Soies Douppions	id.	25 »	id	0,83
Soies Noshi	id.	10 »	id·	0,33
Filoselle ou bourre de soie.	id.	35 »	id·	1,16
Cocons percés.	il.	7 »	id·	0,23
Cocons non percés	id.	12 »	id·	0,40
Déchets de soie et de cocons	id.	3 »	.i.	0,10
Tissus				
Étoffes en soie pour robes, tissus et broderies de soie	ad valorem	5 %	ad valorem	5 %

(1) Les droits fixés par la convention du 25 juin 1866 et qui seront encore perçus jusqu'au 31 décembre de la présente année, sont les suivants :

	itchibou.	cent.			
Graines de vers à soie.		7 1/2	par sheet, soit 0,15, par carton.		
Soies gréges et ouvrées.	75	»	par 100 catties, soit 2,48, par kilog.		
Soies Douppions.	20	»	—	— 0,66,	—
Soies Noshi	7	50	—	— 0,25,	—
Filoselle ou bourre de soie.	20	»	—	— 0,66,	—
Cocons percés.	7	»	—	— 0,23,	—
Cocons non percés.	24	»	—	— 0,40,	—
Déchets de soie et de cocons.	2	25	—	— 0,08,	—
Tissus		5 % ad valorem.			

MAROC

Le traité de paix du 10 décembre 1844 ayant assuré à notre commerce, dans ce pays, le traitement de la nation la plus favorisée, les stipulations du traité de commerce, intervenu le 20 novembre 1861 entre le gouvernement Marocain et l'Espagne, sont applicables à la France.

En vertu de cet acte, qui a été traduit dans les *Annales du commerce extérieur* (Etats barbaresques, L. C., n° 7), les droits d'importation ne doivent pas dépasser 10 °/₀.

Les poids et mesures inscrits au tarif marocain sont : le *cantar*, de 50 kil.; la *livre*, de 9 kil. 540; la *piastre* forte, de 5 fr. 25; l'*once*, de 0 fr. 15 cent. 38; le *réal*, de 0 fr. 27, et le *centième de réal*.

MECKLEMBOURG

(*Traité de commerce du 9 juin* 1865.)

La France et le grand duché de Mecklembourg-Schwerin ont conclu, à Paris, le 9 juin 1865, un traité de commerce et de navigation auquel le grand duché de Mecklembourg-Strélitz a adhéré par voie d'accession, et qui est entré en vigueur le 1ᵉʳ juillet suivant, pour une période de douze années. Cet acte a été reproduit, dans sa teneur officielle, aux *Annales du commerce extérieur* (France, L. C., n° 230).

Le 11 août 1868, les deux grands duchés ont accédé à l'Union douanière allemande (*Circulaire de la Direction générale des Douanes*, n° 1101). En conséquence de cette accession, les tarifs annexés au traité du 2 août 1862, avec l'Association allemande, sont applicables aux Mecklembourg-Schwerin et au Mecklembourg-Strélitz. (Voy. Association allemande, p. 27 du présent Recueil).

Les poids et monnaies en usage dans le Mecklembourg sont : le *thaler*, de 3 fr. 75 c.; le *schilling*, de 7 centimes 8125; le *quintal*, de 50 kil., et le *last*, de 2,000 kil.

PAYS-BAS

(Traité de commerce du 7 juillet 1865.*)*

La législation douanière des Pays-Bas a été de tous temps une des plus libérales. Depuis 1865, nos relations commerciales avec ce pays reposent sur le traité couclu à La Haye le 7 juillet de la même année, et entré en vigueur le 1er septembre suivant, pour une période de douze années, à partir du 10 août 1865, jour de l'échange des ratifications. Cet acte a été reproduit, dans sa teneur officielle, aux *Annales du commerce extérieur* (France, L. C., n° 231).

Tarif d'importation des Pays-Bas en France.

Régime du Tarif conventionnel. (Voy. pages 12-13.)

Tarif d'importation de France dans les Pays-Bas.

En vertu de l'article 3 du traité, les importations directes de France dans les Pays-Bas, effectuées par terre ou sous pavillon français ou néerlandais, sont soumises au régime du Tarif général en vigueur dans cet Etat, à la date de la conclusion du traité. Nous avons donc extrait le tableau ci-dessous de la loi-tarif promulguée le 15 août 1862 par le gouvernement néerlandais et appliquée depuis le 1er novembre suivant. (*Annales*, Pays-Bas, L. C., n° 17).

Les droits se comptent par *florins* de 2 fr. 12 et par centièmes de 0 fr.0212.

DÉNOMINATION DES SOIES ET SOIERIES	DROITS PERÇUS	
	Bases	Quotité
Soies		fr. c.
Soie écrue ou grége.	exempte	
N. — *La loi-tarif de* 1862 *ne mentionne pas cet article. Mais une circulaire postérieure de la direction des douanes néerlandaises l'a déclaré exempt* (Annales, *Pays-Bas, L. C., n°* 18).		
Soie moulinée, telle que soie à coudre, à broder, filoselle ou fleuret . .	valeur	3 0/0
Tissus		
Tissus, bonneterie, passementerie, rubans, dentelles, tulles et toutes autres étoffes de soie.	valeur	5 0/0
Effets d'habillements	id.	5 0/0

Tarif d'exportation et de transit.

L'exportation et le transit des soies et soieries sont affranchis de tous droits dans les Pays-Bas. (Art. 4 et 21 du traité.)

PORTUGAL

(Traité de commerce du 11 juillet 1866.)

Le traité du 11 juillet 1866 avec le Portugal, dont la publication a été prescrite en France par décret du 27 juillet 1867, a été mis à exécution le 1er septembre suivant. Les dispositions en sont applicables aux produits des colonies et établissements lointains du Portugal, comme à ceux de la Métropole et des îles dites *adjacentes* de Madère, Porto-Santo et des Açores. Cet acte a été reproduit intégralement aux *Annales du Commerce extérieur* (France, L. C., n° 246). Il a été conclu pour douze années, à partir du jour de l'échange des ratifications qui ont eu lieu à Lisbonne le 15 juillet 1867.

Tarif d'importation du Portugal en France.

Régime du Tarif conventionnel. (Voy. pages 12-13.)

Tarif d'importation de France en Portugal.

Les soies et soieries d'origine ou de manufacture française, importées directement par mer, sous pavillon français ou portugais sont admis en Portugal aux droits fixés par le tarif ci-dessous, tous droits additionnels compris, sauf un droit dit d'*émoluments* de 3 °/₀ du droit principal (*Annales*, Portugal. L. C. n° 7.)

L'unité monétaire légale, base de la monnaie de compte en usage, est le *réal* (au pluriel *reis*). Les comptes se tiennent en *milreis* de 6 fr. 25, et en *contos* (millions de *reis*).

DÉNOMINATION DES SOIES ET SOIERIES	DROITS PERÇUS			
	Unités portugaises		Unités françaises	
	Bases	Quotité	Bases	Quotité
Soies		reis.		fr. c.
Soie en cocons		exempte		
Soies gréges ou moulinées, écrues, blanchies ou azurées	kilog.	50	kilog.	» 31
Soies gréges ou moulinées, teintes.	»	200	»	1 25
Soies à coudre, écrues, blanchies ou teintes. . . .	»	1,000	»	6 25
Déchets		exempts		
Tissus			»	38 75
Tissus de soie pure, unis, façonnés ou brochés. . .	»	6,200	»	38 75
Rubans de soie pure ou mélangée *(poids du ruban nu)*	»	6,200	»	38 75
Velours et peluches de soie pure ou mélangée. . .	»	6,200		

N. — Les velours, les peluches et les rubans de soie mélangée dans lesquels il entre plus de 10 °/o de soie en quantité de fils, paient les droits du présent Tarif comme s'ils étaient de soie pure ; mais ceux dans lesquels il entre 10 °/o de soie ou moins en quantité de fils, paient les droits des velours, des peluches et des rubans, de la matière dominant en poids.

TARIF D'IMPORTATION EN PORTUGAL (*suite*).

DÉNOMINATION DES SOIES ET SOIERIES		DROITS PERÇUS			
		Unités portugaises		Unités françaises	
		Bases	Quotité	Bases	Quotité
Tissus (*suite*).			reis		fr. c.
Tissus de soie mélangée de fils de laine, de poils et autres, mais les fils de laine et de poils dominant en quantité les autres fils (de lin, de coton, etc.) :	Quand, dans le nombre total des fils du tissu, en chaîne et en trame, le nombre des fils de soie est de plus de 50 %. .	kilog.	6,200	kilog.	38 75
	Quand, dans le nombre total des fils du tissu, en chaîne et en trame, le nombre des fils de soie est de 50 %	»	5,000	»	31 25
	Quand, dans le nombre total des fils du tissu, en chaîne et en trame, le nombre des fils de soie est de plus de 10 % et de moins de 50 %. . . . . { Châles. Tissus autres que les châles.	»	3,500	»	21 87
		»	2,100	»	13 12
	Quand, dans le nombre total des fils du tissu, en chaîne et en trame, le nombre des fils de soie est de 10 % et au-dessous.	Le droit du tissu de laine ou de poil pur similaire (soit 6 fr. 25 c. par kil.).			
Tissus de soie mélangée de fils de lin, de chanvre, de coton et autres, mais les fils de lin, de chanvre ou de coton dominant en quantité les autres fils (de laine ou de poil) :	Quand, dans le nombre total des fils du tissu, en chaîne et en trame, le nombre des fils de soie est de plus de 50 %	»	6,200	»	38 75
	Quand, dans le nombre total des fils du tissu, en chaîne et en trame, le nombre des fils de soie est de 50 % . . .	»	4,000	»	25 »
	Quand, dans le nombre total des fils du tissu, en chaîne et en trame, le nombre des fils de soie est plus de 10 % et de moins de 50 %.	»	1,800	»	11 25
	Quand, dans le nombre total des fils du tissu, en chaîne et en trame, le nombre des fils de soie est de 10 % et au-dessous.	Le droit du tissu de lin ou de coton pur similaire (soit 6 fr. 25 par kil.).			
Passementerie et galons de soie pure		»	3,000	»	18 75
Passementerie et galons de soie mélangée, quand il y a plus de 10 % de soie en quantité de fils.		»	3,000	»	18 75
Passementerie et galons de soie mélangée, quand la soie ne représente, en quantité de fils, que 10 % ou moins de la quantité totale.	Le droit de la passementerie ou des galons de la matière dominant en poids.			
Articles confectionnés	Droit du tissu principal augmenté de 50 p. %.			
N. — Le mot QUANTITÉ, *employé dans la nomenclature des tissus mélangés, désigne, dans tous les cas, le nombre des fils.*					

Tarif d'exportation et de transit du Portugal.

Les soies et soieries exportées du Portugal sont soumises à un droit de 1/2 %, *ad valorem*. Il y a exemption de droit de transit pour toute marchandise venant de France ou y allant. (Art. 30 du traité).

RUSSIE

(Tarif du 5 juillet 1868.)

Une révision du Tarif général des Douanes russes, entreprise en novembre 1867, a été terminée au mois de mars 1868, et un Oukase impérial, en date du 5 juillet suivant, a prescrit la mise en vigueur du nouvel acte dans l'Empire et dans le royaume de Pologne, à partir du 1ᵉʳ janvier 1869. Ce Tarif, qui a été traduit dans les *Annales du commerce extérieur* (Russie, L. C., nº 32), a remplacé celui de juin 1857. La principale réforme qu'il a accompli consiste dans la suppression des deux surtaxes de 5 %, établies en 1858 et en 1862 sur les marchandises d'importation.

Un traité de commerce conclu, le 14 juin 1857, à Saint-Pétersbourg, entre la France et la Russie, a d'ailleurs posé les bases des rapports d'échange des deux pays. Le texte de ce traité a été inséré dans les *Annales* (France, L. C., nº 167).

Tarif d'importation de Russie en France.

Régime du Tarif général (Voy. pages 9 à 11).

Tarif d'importation de France en Russie.

Nous avons extrait le tableau suivant du Tarif général du 5 juillet 1868.

Les monnaies, poids et mesures inscrits dans le Tarif russe, offre les rapports ci-après avec les monnaies, poids et mesures de France :

Le *rouble argent.* . . . = 4 fr. »» c.
Le *copeck* . . . . . . = 0 — 04 c.
La *livre* . . . . = 0 kil. 409 gr. 5
Le *poud* (40 livres) . . . = 16 — 381 gr.
L'*archine* . . . . . .   0 m. 71 c.

TARIF D'IMPORTATION EN RUSSIE.

DÉNOMINATION DES SOIES ET SOIERIES	DROITS PERÇUS			
	Unités Russes		Unités Françaises	
	Bases	Quotité	Bases	Quotité
		r. c.		fr. c.
Soies				
Bourre de soie non cardée, déchets de soie de tous genres, cocons de soie		exempts		
Soie grége et bourre de soie cardée (ouate de soie), teintes ou non teintes	le poud.	» 50	kil. ».	0 12
Soie moulinée (trame et organsin), soie à coudre et soie dévidée pour chaîne ou trame, teintes ou non teintes.	»	5 »	»	1 22
Fils de bourre de soie et fils de laine et de poil, mélangés de soie, non teints, teints ou imprimés. .	»	4 50	»	1 10
Tissus				
Étoffes, châles et rubans de soie pure et de bourre de soie non mêlée de coton, laine ou autres matières, y compris les foulards unis ou chinés : velours, peluches, crêpes et chenilles de soie pure et mêlée en pièces ou en rubans ; tamis de soie. . .	la livre.	5 »	kil. ».	48 84
Foulards imprimés sur fond, en pièces et en mouchoirs	»	3 »	»	29 30
Étoffes, châles et rubans de soie mêlée (avec chaîne ou trame autre qu'en soie) ; les mêmes de bourre de soie mêlée de coton, laine, lin ou chanvre . .	»	2 20	»	21 49
Passementerie et bonneterie de soie pure ou mêlée, avec ou sans rassade, grains de verre et autres, mélanges analogues	»	1 »	»	9 77
Taffetas ciré ou gommé de soie	»	1 »	»	9 77
Passementerie et rubans d'or et d'argent fin ou faux.	»	5 50	»	53 72
Tulles pour meubles (antigras), brodés et brochés, rideaux en tulle.	»	» 40	»	3 91
Tulles de toutes sortes, hormis les sus-mentionnés, en pièces, unis, brodés ou brochés, pour robes .	»	2 »	»	19 54
Dentelles de soie (Blondes)	»	3 »	»	29 30

Tarif d'exportation de Russie.

Les graines de vers à soie sont soumises en Russie, à un droit d'exportation de 2 roubles par livre, soit 19 fr. 54 par kilog. Les soies et soieries de toutes sortes sont exemptes.

SUÈDE ET NORWÉGE

(*Traité de commerce du* 14 *février* 1865.)

La législation douanière est l'objet, en Suède et en Norwége, d'une révision triennale qui s'est généralement effectuée, dans ces dernières années, dans un sens libéral. Depuis le 15 avril 1865, la France jouit pour ses produits importés dans les royaumes unis de Suède et de Norwége, du bénéfice d'un Tarif de faveur, stipulé par le traité conclu le 14 février précédent, pour une période de douze années, à partir du jour de l'échange des ratifications, faites, à Paris, le 22 mars 1865. Le texte de cet acte a été inséré intégralement, et dans sa teneur officielle, aux *Annales du commerce extérieur* (France, L. C., n° 227).

Tarif d'importation de Suède et Norwége en France.

Régime du Tarif conventionnel (Voy. pages 12-13).

Tarifs d'importation de France en Suède et en Norwége.

Les droits de douane applicables aux produits français importés en Suède et en Norwége, ont été respectivement fixés dans le traité du 14 février 1865, par deux Tarifs distincts, que nous reproduisons ci-après.

Tarif d'importation en Suède.

Les conversions en unités françaises des poids, monnaies et mesures de Suède, bien qu'elles soient destinées à faciliter les opérations du commerce, n'ont cependant pas un caractère officiel. Elles ont été établies sur les bases suivantes :

1 *riksd-riksmynt* (100 öres)	.	1 fr. 39 c.
1 *öre*	.	0 fr. 00139
1 *livre suédoise.*	.	0 kil. 425 gr.
1 *quintal suédois*	.	42 — 508 —

TARIF D'IMPORTATION EN SUÈDE.

DÉNOMINATION DES SOIES ET SOIERIES	DROITS PERÇUS			
	Unités suédoises		Unités françaises	
	Bases	Quotité	Bases	Quotité
Soies		ore		fr. c.
Soies écrues.		exemptes		
Soies teintes	livre	40	kil.	1 30
Tissus				
Tissus de soie pure . . . { Peluches.	livre	100	kil.	3 25
Autres, y compris étoffes d'or et d'argent	id.	150	»	4 88
Tissus de demi-soie, peluches et autres.	»	100	»	3 25
Rubans . . . { De velours et de soie.	»	150	»	4 88
De demi-soie	»	100	»	3 25
Autres tissus, y compris ceux dans lesquels il entre de la gutta-percha, du caoutchouc ou des matières analogues.	»	50	»	1 63
Tissus à broder, Marli et canevas { De soie. . . .	»	150	»	4 88
De soie mêlée d'autres matières. . . .	»	100	»	3 25
Dentelles, points et blondes de soie et de lin, avec ou sans combinaison d'autres matières	»	150	»	4 88
Passementeries : soit franges, galons, passements, aiguillettes, cordons, cordonnets et autres ouvrages non dénommés au Tarif, en soie ou demi-soie	»	150	»	4 88
Passementeries autres	»	75	»	2 44
Bonneterie de soie ou demi-soie	»	150	»	4 88
Bonneterie autres	»	50	»	1 63
Cols et cravates en soie ou demi-soie.	»	150	»	4 88
Habillements et confections de toute espèce, et ouvrages brodés de toutes sortes.	Même régime que les tissus dont ils sont principalement composés avec augmentation de 20 %			

Tarif d'importation en Norwége.

Les poids et monnaies en usage en Norwége sont : le *speciès*, valant 5 francs 60 cent., et le *skilling*, de 4 centimes 66 ; la *livre*, du 500 grammes, et le *lod*, de 15 gr. 625. Dans le Tarif ci-après, les conversions de poids et monnaies norwégiennes, bien qu'elles soient destinées à faciliter les opérations du commerce, n'ont pas un caractère officiel ; elles ont été établies sur les bases suivantes :

18 *speciès*	100 fr.
1 *speciès*	120 skillings.
1 *livre norwégienne*.	0 kil. 498 gr.
1 *lod*	15 gr. 56 c.

TARIF D'IMPORTATION EN NORWÉGE.

DÉNOMINATION DES SOIES ET SOIERIES	DROITS PERÇUS			
	Unités norvégiennes		Unités françaises	
	Bases	Quotité	Bases	Quotité
		sp. sk.		fr. c.
Soies				
Soie moulinée ou non, teinte ou non, mélangée ou non d'autres matières à filer	la livre	» 14	kll.	1 30
Tissus				
Blondes, bobinets, dentelles et tulles de soie pure ou mélangée d'autres matières	»	» 44	»	4 09
Velours et autres tissus à figures, raies, etc., purs ou mélangés d'autres matières à filer et de fil de verre ou de métal	»	» 52	»	4 84
Peluches de soie pure ou mélangée d'autres matières à filer	»	» 35	»	3 25
Autres tissus en soie pure ou mélangée d'autres matières que la soie.	»	» 52	»	4 84
Autres tissus, si la chaîne ou la trame, si l'endroit ou l'envers, consiste en d'autres matière que la soie.	»	» 35	»	3 25
Passementerie en soie pure.		comme les tissus		
Passementerie en soie mélangée d'autres matières .	»	» 35	»	3 25

N. — Sont considérés comme de soie pure les fils d'autres matières, mêlés à la soie quand ils ne font pas partie du dessin. Il en est de même pour les fils qui se trouvent dans la bordure.

Habillements et objets de toilette non spécialement tarifés.

N. — Les autres habillements paient le même droit que le tissu principal, avec augmentation de 10 p. % de ce droit si quelque partie du vête-ment est soumise à un droit plus élevé que l'étoffe principale ; si les habillements sont garnis de bro-deries, etc., ou doublés de soie, l'augmentation est de 20 p. % du droit afférent à l'étoffe princi-pale.

Tarif d'exportation de Suède et de Norwége.

L'exportation des soies et soieries est exempte de tous droits.

SUISSE

(Traité de commerce du 30 juin 1864.)

La Suisse est entrée depuis longtemps, en matière de commerce extérieur, dans une voie très-libérale. La base de son régime général de douane est la loi fédérale du 27 août 1851, qui a confirmé la disposition en vertu de laquelle la constitution du 12 septembre 1848 avait décrété la suppression des péages intérieurs et leur translation à la frontière de la Confédération. (*Annales du commerce extérieur*, Suisse, L. C., n° 13.)

Notre gouvernement a conclu, le 30 juin 1864, avec la Suisse, un traité de commerce et une convention relative à la propriété des marques et dessins de fabrique. Ces actes, qui règlent actuellement nos rapports commerciaux avec la Confédération, ont été reproduits intégralement dans les *Annales du commerce extérieur* (France, L. C.. n° 226). Le traité, conclu pour douze années, à partir du jour de l'échange des ratifications fait à Paris le 24 novembre 1864, est entré en vigueur le 1er juillet 1865.

Tarif d'importation de Suisse en France.

Régime du Tarif conventionnel (Voy. pages 12-13).

Tarif d'importation de France en Suisse.

Le tableau ci-après a été extrait du tarif annexé au traité du 30 juin 1864. *Annales* (Suisse, L. C., n° 16).

L'unité monétaire inscrite au Tarif fédéral est l'unité française ; le *quintal* suisse, qui sert de base à la perception des droits, est de 50 kilog.

TARIF D'IMPORTATION EN SUISSE.

DÉNOMINATION DES SOIES ET SOIERIES	DROITS PERÇUS			
	Unités suisses		Unités françaises	
	Bases	Quotité	Bases	Quotité
		fr. c.		fr. c.
Soies				
Soie en cocons et déchets de soie	Quintal.	0 30	kilogr.	0 006
Bourre de soie et soie brute.	»	2 »	»	0 04
Soie grége ou moulinée teinte, à coudre, à broder et à dentelles	»	3 50	»	0 07
Soie grége ou moulinée, teinte, autre que à coudre, à broder et à dentelles (*est taxée selon la qualité et par analogie aux classes du tarif, de 0 fr. 30 à 8 fr. le quintal suisse, soit de 6 dixièmes de centimes à 16 centimes le kilog*)				
Déchets de bourre de soie	»	0 30	»	0 006
Bourre de soie peignée et filée.	»	3 50	»	0 07
Soie filée simple ou retorse, écrue, blanche, azurée, teinte	»	3 50	»	0 07
Tissus				
Tissus et bonneterie de soie pure.	»	8 »	»	0 16
Dentelles de soie pure	»	15 »	»	0 30
Crêpes façon d'Angleterre, écrus, noirs et de couleur	»	8 »	»	0 16
Tulles unis ou façonnés, écrus ou apprêtés	»	8 »	»	0 16
Tissus de bourre de soie pure, de soie et bourre de soie, écrus, blancs, teints et imprimés	»	8 »	»	0 16
Tissus, passementerie et dentelles de soie ou de bourre de soie avec or ou argent fin, mi-fin ou faux.	»	15 »	»	0 30
Tissus de soie ou de bourre de soie mélangée, la soie ou la bourre de soie dominant en poids. . .	»	8 »	»	0 16
Rubans de soie ou de bourre de soie pure, de velours et autres	»	8 »	»	0 16
Rubans de soie ou de bourre de soie mélangée, la soie ou la bourre de soie dominant en poids . .	»	8 »	»	0 16
Ouvrages et articles tout confectionnés	»	15 »	»	0 30

Tarifs d'exportation et de transit.

Les soies et soieries n'ayant pas été dénommées dans les Tarifs annexés au traité du 30 juin 1864, sont soumises à un droit de 0 fr. 10 c. par quintal suisse pour l'exportation, et de 0 fr. 05 c. pour le transit.

TURQUIE

(Traité de commerce du 29 avril 1861).

Nos relations commerciales avec la Turquie sont actuellement régies par le traité du 29 avril 1861. Ce traité, valable pour vingt-huit ans, est exécutoire dans toutes les provinces de l'empire ottoman, c'est-à-dire non-seulement dans la TURQUIE D'EUROPE, mais aussi dans la TURQUIE D'ASIE, dans l'ÉGYPTE, en SERVIE, dans les PRINCIPAUTÉS UNIES DE MOLDAVIE ET DE VALACHIE, et dans la RÉGENCE DE TRIPOLI. Il a été inséré, dans sa teneur officielle, aux *Annales du commerce extérieur* (France, L. C., n° 203). La livraison (Turquie, L. C., n° 11) du même recueil a reproduit le Tarif applicable à nos produits en vertu de ce traité.

Tarif d'importation de Turquie en France.

Régime du Tarif conventionnel (Voy. pages 12-13).

Tarif d'importation de France en Turquie.

En vertu de l'article 4 du traité du 29 avril 1861, les droits de douane sont perçus à 8 °/₀ de la valeur à *l'échelle*. On entend par *valeur à l'échelle* la valeur locale des marchandises à laquelle on fait subir un rabais préalable de 10 °/₀.

Le Tarif turc présente tantôt le régime du droit *ad valorem*, établi conformément au principe ci-dessus, tantôt (comme pour les velours et les satins, par exemple) un régime mixte qui participe à la fois de la taxation spécifique et de la taxation à la valeur, et qui n'est autre chose qu'un droit fixe calculé à 8 °/₀ sur des évaluations conventionnelles diminuées de 10 °/₀, pour obtenir la valeur des marchandises à l'échelle.

Ces évaluations conventionelles, arrêtées par des commissaires nommés conjointement par les deux parties contractantes, doivent, si l'une d'elles l'exige, être révisées tous les sept ans, afin d'être mises en harmonie avec les changements de valeurs apportés par le temps sur les produits. La première période septennale ayant expiré le 13 mars 1869, sans qu'aucune modification ait été réclamée, les évaluations de 1862 fixées conformément au Tarif ci-après resteront en vigueur jusqu'au 13 mars 1876.

Les poids, monnaies et mesures inscrits au Tarif ottoman sont :

L'*archine*, qui vaut	0 mètre 72 c.
La 1/2 *pièce* —	10 — »» c.
Le *pic* —	0 fr. 65 centimes.
La *piastre* —	0 — 22 »
L'*ocque* —	1 kilog. 285 gr. 1/2.
Le *cantar* (44 ocques), qui vaut.	56 — 565 »

DÉNOMINATION DES SOIES ET SOIERIES	DROITS PERÇUS			
	Unités turques		Unités françaises	
	Bases	Quotité	Bases	Quotité
Soies		pia. cent.		fr. c.
Soies et bourre de soie de toutes sortes.		*ad valorem*		8 %
Tissus				
Rubans de soie de toute espèce		*ad valorem*		8 %
Cravates en soie, *spaleta* et foulards		*id.*		8 %
Velours en soie dit à trois poils et qualité supérieure	l'archine	3 78	le mètre	1 15
Bas et chaussettes de soie.		*ad valorem*		8 %
Crêpes en soie larges et étroits	les 2 demi-pièces	5 05	le mètre	0 50
Gazes à fleurs, larges et étroites.		*ad valorem*		8 %
Tulle en soie, large et étroit		*id.*		8 %
Taffotas, satins, levantines et serges unis. . { De 6/8 à un pic endazé de largeur	l'archine	0 85	le mètre	0 26
Do plus do 1 pic à moins de 1 1/2 pic endazé de largeur . .	»	1 26	»	0 38
De 1 1/2 à 2 pics endazés de largeur.	»	1 70	»	0 52
Taffetas, satins, levantines et serges à fleurs, dits croisés, de 6/8 à un pic endazé de largeur. . . .	»	0 94	»	0 29
Velours en soie de 1/2 à 2 poils et velours soie et coton	»	2 08		0 64
Gazes en soie unies, façonnées et brochées		*ad valorem*		8 %
Gros de Naples de toutes qualités et de toutes largeurs		*id.*		8 %
Soieries avec or et dorure { Châles en tulle, en crêpes et en gaze, brodés en or, en soie et or, bons ou faux. . . . . . . Mouchoirs et châles en bourre de soie et gaze, brodés en soie et or, bons ou faux. . . . . . . Étoffes d'or et d'argent (*lustrine*) Étoffes plus riches . . . . . . Satins à fleurs et dessins or et argent. . . . . Franges à fil d'or, galons à fleurs et chenilles.		*ad valorem*		8 %

Tarif d'exportation de la Turquie.

L'article 4 du traité du 29 avril 1861 a disposé que tout article produit du sol ou de l'industrie de la Turquie payerait un droit unique de 8 %, de la valeur à l'échelle ; mais ce droit a dû subir un rabais successif de 1 %, chaque année, jusqu'à ce qu'il ait été réduit à une taxe fixe et définitive de 1 %, .

Le Tarif d'exportation, révisé à l'occasion du traité, a donné la quotité des taxes pour la première année, c'est-à-dire à 8 %, ; nous avons pris le 1/8ᵉ pour obtenir la valeur du droit de 1 %, qui est, en conséquence de l'art. 4 précité, applicable depuis le 1ᵉʳ mars 1869.

| | DROITS PERÇUS | | | |
| | Unités turques | | Unités françaises | |
DÉNOMINATION DES SOIES ET SOIERIES	Bases	Quotité	Bases	Quotité
Soies écrues et autres		pia. cent.		fr. c.
Soies de filatures de l'empire ottoman	l'ocque	2 17	kil.	0 37
Soies de l'empire ottoman, filées au mandjilik. . .	»	1 55	»	0 27
Soies de Chypre, Beyrouth, Aïdin, Mentéché, Sigala, Crète, Chio, Alep, Saïda et Damas.	»	1 08 1/2	»	0 19
Bourre de soie	ad val	1 °/₀	ad val.	1 °/₀
Cocons de l'empire ottoman, ceux d'Amassia excep- tés	l'ocque	0 74 1/2	kil.	0 13
Cocons d'Amassia.	ad val	1 °/₀	ad val.	1 °/₀
Cocons percés, doubles et rebuts	id.	id.	id.	id.
Frisous, Douppions et déchets divers.	id.	id.	id.	id.
Graines de vers à soie	l'ocque	4 50	kil.	0 77

Tarif de transit de la Turquie.

Les droits de transit qui, en 1861, ont été abaissés de 3 %, à 2 %, ne sont plus, depuis le 13 mars 1869, que de 1 %, *ad valorem* (art. du traité de 1861).

URUGUAY

(*Loi du 22 juin* 1861.)

Par une convention de commerce et de navigation portant la date du 8 avril 1836, prorogée deux fois, en 1855 et 1860, et maintenue par un arrangement du 7 juillet 1865, la France jouit, dans l'Uruguay, du traitement de la nation la plus favorisée. Ces actes, conclus sur le pied de la réciprocité, ont été traduits, soit dans le recueil des *Traités de commerce*, publié par M. P. BOITEAU, soit dans les *Annales du commerce extérieur* (France, L. C., n° 232).

Quant au Tarif des droits perçus sur nos produits, il se fonde sur la loi rendue le 22 juin 1861 par le Gouvernement de la République-Orientale et qui a été traduite dans les *Annales du commerce extérieur* (Uruguay, L. C., n° 10).

Tarif d'importation de l'Uruguay en France.

Régime du Tarif général (Voy. pages 9 à 11).

Tarif d'importation de France dans l'Uruguay.

La loi générale des Douanes de l'Uruguay est révisée tous les ans par le Pouvoir exécutif, qui peut, selon les circonstances, modifier les droits à percevoir sur les produits étrangers importés ; depuis plusieurs années, toutefois, les Chambres Uruguayennes n'ont pas fait usage de cette faculté en ce qui concerne les soies et soieries dont le droit d'importation est resté fixé à 6 %, perçus en vertu de la loi du 22 juin 1861.

Ce droit de 6 % *ad valorem*, auquel il faut ajouter un droit additionnel de 2 % pour le service de la dette publique, s'applique aux fils et tissus de toutes sortes : SOIES A COUDRE ET A BRODER, TISSUS EN PIÈCES UNIS, FAÇONNÉS OU BROCHÉS, PURS OU MÉLANGÉS, VELOURS, CRÊPES, FOULARDS, CHALES, ÉCHARPES, etc.

La valeur sur laquelle est établie la perception des droits de douane est révisée tous les six mois par une commission composée de vérificateurs de la douane et de négociants. Cette commission prend pour base la valeur, préalablement diminuée de 10 °/₀, des marchandises en gros sur la place de Montevideo.

La monnaie réelle en usage dans la république de l'Uruguay est la *piastre forte*, de 5 fr. 40 c. La *piastre courante*, de 4 fr. 50 c., est une monnaie de compte ou fictive, généralement employée tant par les autorités que par les négociants; l'une et l'autre sont partagées en 8 réaux, et le *réal* est subdivisé lui-même en 100 centièmes.

Les poids et mesures usités sont l'*arrobe*, de 11 kilog. 485 gr., la *barrique*, de 91 kilog. 880 gr., et le *pouce*, de 0ᵐ,024.

Tarifs d'exportation et de transit.

Les soies et soieries ayant acquitté les droits d'importation sont libres de droits à la sortie. Le transit s'effectue également en franchise.

VILLES ANSÉATIQUES

(Traité de Commerce du 4 mars 1865.)

La France a conclu, à la date du 4 mars 1865, avec les villes anséatiques de Brême, Hambourg et Lubeck, un traité de commerce dont le texte a été reproduit dans les *Annales du commerce extérieur* (France, L. C., n° 229). Les livraisons (Villes-Anséatiques, L. C., n°ˢ 4 à 10) du même recueil ont donné la traduction des principales dispositions de la législation douanière des trois républiques.

Le traité du 4 mars 1865 n'est toutefois plus applicable aujourd'hui qu'aux villes de Brême et de Hambourg, le Sénat de Lubeck ayant, dans le courant de l'année 1868, proclamé l'accession de cette ville libre au Zollverein. (*Circulaire de la Direction Générale des Douanes, n° 1100.*)

Tarif d'importation des Villes Anséatiques en France.

Régime du Tarif conventionnel.

Tarifs d'importation, d'exportation et de transit des Villes Anséatiques.

Les villes libres de Hambourg et de Brême sont restées ports francs ; les soies et soieries qui y sont importées n'acquittent pour tout droit qu'un tantième de leur valeur, d'après les prix-courants de la Bourse. Ce tantième est fixé pour Hambourg, à 1/4 p. %.

L'exportation est entièrement libre. Le transit est soumis aux conditions de l'importation, c'est-à-dire à un droit de 1/4 p. % *ad valorem*.

Quant à Lubeck, qui a accédé à l'Association allemande, les droits applicables aux soies et soieries, en tout ce qui concerne l'importation, l'exportation et le transit, sont ceux fixés par les Tarifs annexés aux traité du 2 août 1862. (Voyez Association allemande, page 27 du présent recueil.)

MONNAIES. — On compte à Hambourg en *marcs banco* ou de banque (16 shillings de 12 deniers), de la valeur de 1 fr. 88. La monnaie d'argent réelle a pour unité le *marc courant*, qui présente la même subdivision, mais ne vaut que 1 fr. 53. Ce dernier, également usité à Lubeck, porte aussi le nom de cette ville, mais depuis 1857, celle-ci fait principalement usage du thaler de Prusse, valant 3 fr. 75 c. 111 marcs de banque égalent 136 marcs de Lubeck.

A Brême, la monnaie qui sert de base dans les comptes est le *thaler d'or* (1/5 de la pistole ou du louis d'or), qui représente 4 fr. 17 c.

IMPORTATIONS ET EXPORTATIONS

FRANÇAISES

DES SOIES ET SOIERIES

Pendant l'année 1867.

D'après le Tableau général du Commerce de la France, publié par l'Administration générale des Douanes et des Contributions indirectes.

Cocons, Soies et Bourres de soie.

PAYS	IMPORTATIONS		EXPORTATIONS	
de provenance et de destination	Commerce général (1)	Commerce spécial (1)	Commerce général	Commerce spécial
	FR.	FR.	FR.	FR.
Algérie.	102,832	102,832	1,234,176	1,234,176
Angleterre	113,685,119	101,905,801	73,587,748	24,337,060
Association allemande	6,031,993	2,715,923	12,751,632	8,865,284
Autriche			277,723	270,062
Belgique	791,071	632,705	5,130,766	873,709
Brésil			210,482	167,339
Chili.			162,425	147,095
Chine	60,274,474	20,980,552		
Cochinchine et royaume de Siam	105,265	105,265		
Egypte.	3,319,676	3,207,469	273,025	251,509
Espagne	3,789,445	3,777,550	3,180,155	2,726,083
Etats-Barbaresques			2,209.873	1,861,786
Etats-Unis	489,892	468,981	1,561,311	1,480,198
Grèce	3,318,411	3,315,711		
Indes-Anglaises.	10,525,491	10,221,207		
Italie	120,126,249	117,040,847	26,994,546	22,066,943
Japon	24,518.962	12,611,827		
Pays-Bas.	157,730	157,730		
Portugal	523,679	533,749	249,727	242,135
Russie.	287,456	287,456		
Suisse	30,061,495	24,113,246	59,272,154	48,283,467
Turquie	39,123,134	39,073,811	2,353,793	2,262,482
Villes Anséatiques.			96,578	96,578
Autres pays.	4,667,626	3,447,338	453,886	234,094
Totaux.	421,900,000	344.700.000	190,000,000	115,400,000

(1) A l'*importation*, le COMMERCE GÉNÉRAL embrasse tout ce qui arrive de l'étranger et de nos colonies, par terre ou par mer, sans égard, ni à l'origine première des marchandises, ni à leur destination ultérieure, soit pour la consommation, soit pour l'entrepôt, le transit ou la réexportation. Le COMMERCE SPÉCIAL ne comprend que ce qui entre dans la consommation du pays.

A l'*exportation*, le COMMERCE GÉNÉRAL se compose de toutes les marchandises qui passent à l'étranger, sans distinction de leur origine, soit française, soit étrangère. Le COMMERCE SPÉCIAL comprend seulement les marchandises nationales ou qui, après avoir été nationalisées, sont exportées.

Soieries

(TISSUS, PASSEMENTERIE ET RUBANS).

PAYS	IMPORTATIONS		EXPORTATIONS	
de provenance et de destination	Commerce général	Commerce spécial	Commerce général	Commerce spécial
	FR.	FR.	FR.	FR.
Algérie			5,199,870	5,170,818
Angleterre	9,640,436	6,379,672	279.751,604	194,337,122
Antilles espagnoles			1,893,594	1,726,059
Association allemande	23,662,845	3,205,899	17,450,661	17,186,556
Autriche			1,259,508	1,259,508
Belgique	438,936	221,283	18,727,454	17,162,700
Brésil			11,454,300	8,237,975
Chili			2,406,316	1,842,180
Chine	61,815	21,825	384,798	236,586
Cochinchine et royaume de Siam			63,189	63,189
Côte occidentale d'Afrique			74,440	69,820
Egypte	606,961	100,860	3,173,279	2,862,655
Espagne			9,905,609	8,642,613
Etats-Barbaresques			537,995	361,504
Etats Romains			463,005	416,046
Etats-Unis	621,028	20,837	79,553,223	58,880,843
Grèce			405,351	406,351
Haïti et République dominicaine			109,439	97,755
Ile de la Réunion			81,864	81,864
Indes anglaises	226,154	205,650	885,819	502,806
Indes hollandaises			280,531	57,140
Italie	1,085,874	249,725	24,055,792	22,614,701
Japon			213,341	191,756
Martinique			935,662	921,662
Mexique			1,519,209	1,040,427
Nouvelle-Grenade			2,697,632	2,315,002
Pays-Bas			1,218,777	1,213,212
Pérou			793,015	438,069
Portugal			7,227,955	7,048,911
Possessions anglaises d'Afrique			100,900	99,500
Possessions anglaises d'Amérique			44,511	44,360
Possessions danoises d'Amérique			330,962	301,975
Rio de la Plata (Buenos-Ayres)			4,000,549	3,299,515
Russie			2,702,047	2,673,419
Suisse	139,489,933	10,453,550	52,985,001	51,084,139
Turquie	82,810	2,870	7,823,624	7,056,092
Uruguay			2,057,652	1,646,080
Vénézuéla			158,956	102,392
Villes Anséatiques	155,002		409,040	408,700
Autres pays	528,206	147,829	1,363,526	897,998
Totaux	176,600,000	21,100,000	544,700,000	423,000,000

TABLE DES MATIÈRES

Lyon. — Impr. du Salut Public. — BELLON, rue Impériale, 33.